Paris
1848

aboulaye, Édouard-René Lefebvre de

Considérations sur la constitution

CONSIDÉRATIONS

sur

LA CONSTITUTION.

Cet article est extrait de la *Revue de législation*, publiée
par MM. WOLOWSKI, TROPLONG, GIRAUD, LABOULAYE, FAUSTIN-
HÉLIE et ORTOLAN, nouvelle série, t. XI, juillet 1848.

Imprimerie de HENNUYER et Cᵉ, rue Lemercier, 24. Batignolles.

CONSIDÉRATIONS.

SUR

LA CONSTITUTION

PAR

ÉDOUARD LABOULAYE,

de l'Institut.

> Nunc fit illud Catonis certius, nec
> temporis unius, neo hominis, esse
> constitutionem reipublicæ.
> CIC., *De Rep.*, II, 21.

———

PARIS.

A. DURAND, LIBRAIRE, | FRANCK, LIBRAIRE,
RUE DES GRÉS, 3.   RUE RICHELIEU, 60.

LEIPSIG, CHEZ BROCKHAUS.
—
1848

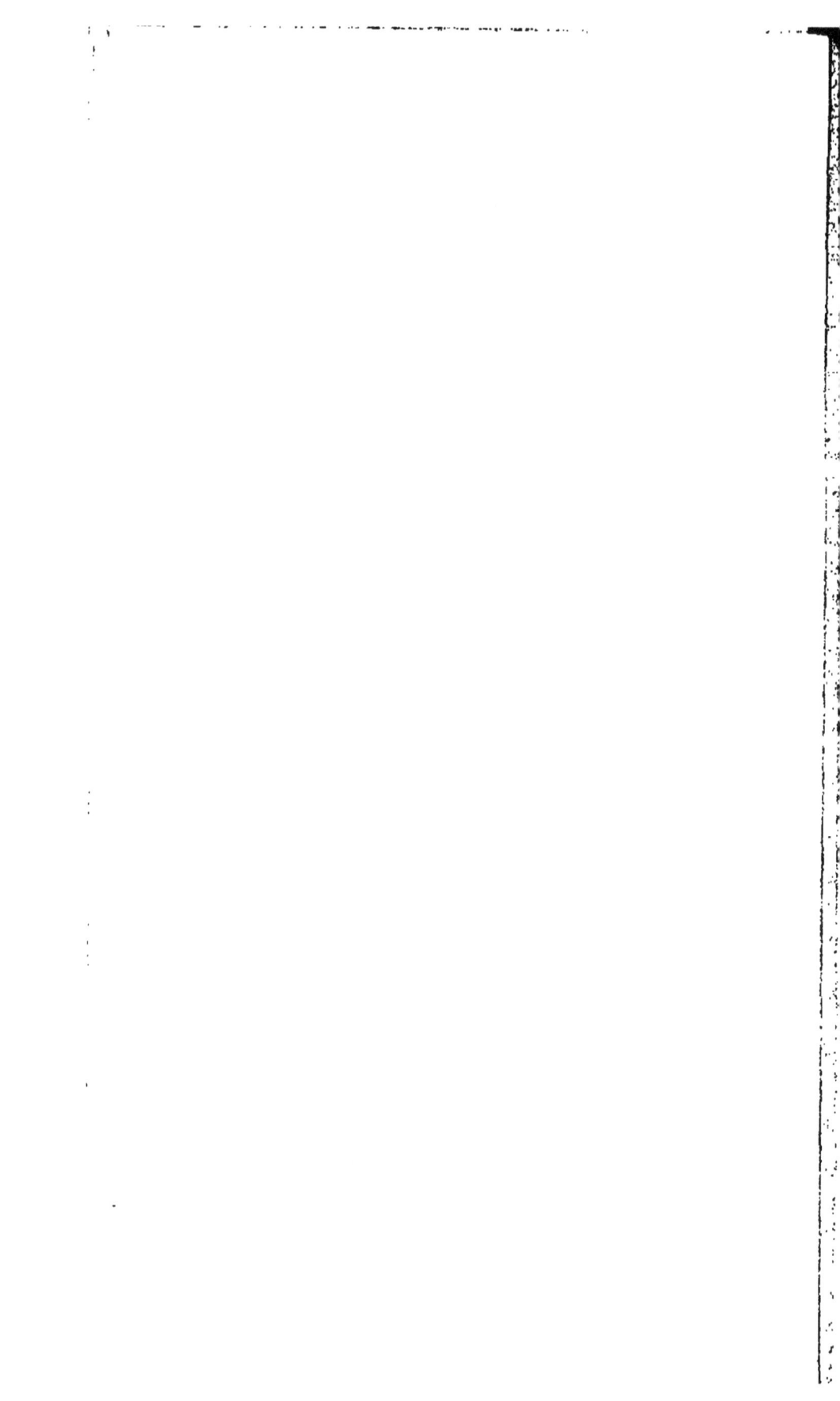

TABLE DES MATIÈRES.

—

FIN DE LA TABLE.

1.

AU

GÉNÉRAL CAVAIGNAC,

CHEF DU POUVOIR EXÉCUTIF.

———

GÉNÉRAL,

En remettant dans vos mains les destinées de la
patrie, les événements vous ont fait une position comparable à celle de Washington. Déjà, dans une guerre
plus cruelle qu'une guerre étrangère, vous avez mon-
tré une fermeté et une humanité dignes de ce grand
homme. Pour que l'histoire achève un parallèle si no-
blement commencé, il vous reste à fonder, avec nos
législateurs, une Constitution durable, une Constitution vraiment libre, vraiment républicaine. Puissent en
ce point vous servir également d'exemple et la sagesse
et le sens exquis du héros des États-Unis. Les questions qui nous partagent aujourd'hui sont les questions
mêmes qui divisèrent les fondateurs de la République
américaine : la déclaration des droits, l'indépendance
du pouvoir exécutif, le maintien du pouvoir législatif
dans ces bornes hors desquelles il dégénère en insupportable tyrannie. Les solutions de Washington, adoptées par ses contemporains, ont fait la grandeur de
l'Amérique ; le temps a prononcé pour elles et leur a

donné son irrésistible sanction. Ce sont cependant ces solutions que repoussent aujourd'hui nos constituants, dédaignant une voie sûre et frayée, pour mener la France vers un abîme où restera sa liberté. C'est à vous, général, placé par votre position et votre caractère au-dessus des partis, qu'il appartient de réfléchir sur la responsabilité que l'histoire fera peser sur votre tête, si, sous le nom de République, vous ne donnez à la patrie que le despotisme d'une Assemblée sans contre-poids. A vous de vous demander si, dans la position faite au pouvoir exécutif par la Constitution, vous pourrez demain régir la France avec cette indépendance d'action sans laquelle il n'y a pas de gouvernement. Un mois déjà passé aux affaires vous donnera sur ce point plus de clartés qu'un penseur n'en peut acquérir en vingt ans d'études solitaires.

Quand le pays est à la merci des flots, comme un navire désemparé, chacun a le droit, sinon de se mêler à la manœuvre, au moins d'indiquer ce qu'il croit le Nord; c'est à ce titre, général, que je vous adresse mon opinion. C'est celle d'un républicain du lendemain, mais d'un démocrate de la veille, et qui croit ne le céder à personne pour l'amour qu'il porte à son pays.

J'ai l'honneur d'être, général, avec un profond respect,

Votre tout dévoué concitoyen,

Édouard LABOULAYE.

CONSIDÉRATIONS

sur

LA CONSTITUTION.

———

INTRODUCTION.

« Quand vous défendez la vérité (dit quelque part
« Goëthe), ne vous lassez point de vous répéter ;
« ne craignez pas de multiplier les paroles ; songez
« que l'erreur ne se lasse point d'agir, et qu'à cha-
« que instant ses effets désastreux se répètent et se
« multiplient. » Jamais cette pensée ne m'a plus
frappé qu'aujourd'hui : depuis quatre mois, ce n'est
pas seulement à la chute d'une monarchie, à la
destruction d'un système de gouvernement que
nous assistons, c'est à l'ébranlement de toutes les
vérités économiques et politiques que la science
avait conquises, la science qui, sous un autre nom,
n'est que l'expérience éclairée et contrôlée par la
raison ! Toutes ces croyances, sur la foi desquelles
la société vivait en repos, on n'en veut plus. A

quoi bon les leçons de l'histoire, à quoi bon la sagesse des ancêtres quand on entrevoit, quand on touche une ère sans pareille dans le monde; quand on annonce modestement qu'on veut *refaire la société, changer ses idées et ses mœurs?* A des besoins nouveaux, à des aspirations inconnues, ne faut-il pas des lois nouvelles, des lois que nous attendons ou des caprices divins du peuple subitement inspiré, ou de quelque Lycurgue illuminé, qui formulera d'un seul jet le Code social de la France et de l'humanité?

Hélas! ce n'est pas la première fois que la France séduite s'abandonne aux utopistes. Ce n'est pas la première fois qu'à la suite de commotions politiques éclate une éruption d'idées folles qui va couvrir de sa lave stérile ce peu que les générations passées ont péniblement défriché dans le champ de la vérité! Nos pères ont connu ce que coûtent de misères et de sang les théories les plus belles et les plus pures en apparence; ils ont vu tomber des têtes au nom de la Fraternité et de l'Égalité. Malheureusement leur expérience ne nous a point servi, et ce n'est pas sans tristesse et sans effroi que, dans un sillon si souvent remué, nous voyons se dresser plus vivace que jamais cette ivraie des

révolutions qui tant de fois a empoisonné les mois-
sons les plus fécondes.

En pareil cas, quel est le devoir de tout citoyen,
de tout homme qui croit la vérité menacée, la fortune et la grandeur du pays en péril? Combattre
l'erreur à outrance; remettre sous tous les yeux
les conquêtes les plus vulgaires de la science, les
résultats de l'expérience et de la raison les plus
connus et les plus certains; signaler les écueils où
nos pères ont échoué en suivant la voix des sirè-
nes, et où nous sombrerons comme eux si nous
remettons les destinées du pays à ces pilotes qui
n'ont jamais vu la mer que du rivage; enfin, pro-
tester jusqu'au dernier moment pour maintenir les
droits imprescriptibles du sens commun, ou tout
au moins pour nous dégager de la terrible responsabilité que feront peser sur nos têtes la civilisation
compromise et le nom français abaissé.

Au milieu de ce bruit des partis, de ce choc fu-
rieux d'ambitions de toute espèce, dans ce pêle-
mêle de théories et de systèmes qui remuent les
plus nobles comme les plus viles passions du cœur
humain, faut-il désespérer de l'avenir? Non, car à
aucune époque le bon sens de la nation n'a été
aussi grand. Jamais révolution n'a été acceptée

avec plus de froideur et de sérieux. L'agitation
n'est qu'à la surface; on crie bien haut dans certaines régions pour tromper le pays ou pour s'é-
tourdir, mais au fond il y a plus de défiance que
d'enthousiasme, et je vois peu de gens pressés de
quitter la rive pour aller, à la suite des utopistes,
chercher un monde nouveau par delà des mers et
des tempêtes inconnues. Déjà, pour ce qui touche
à la fortune publique, l'opinion, un instant éblouie,
refuse de s'engager dans le chemin qu'ont ouvert
des théoriciens plus dévoués à l'ouvrier qu'éclairés
sur ses véritables besoins. L'organisation du travail,
ce rêve de M. Louis Blanc, s'est évanoui aux
premières lueurs du jour. Devant l'expérience de
l'ouvrier, devant le sens juste et droit du praticien,
la théorie a échoué, comme échoueront le socialisme et tous les systèmes qui toucheront à la liberté
et à la propriété individuelle, ces deux ancres de
la civilisation. Dans cette victoire du sens commun sur l'erreur, une part du succès et de la gloire
revient aux hommes qui, fidèles au drapeau de la
science, ont parlé le langage de la vérité à un
peuple digne de l'entendre. L'ouvrier n'en est déjà
plus à se demander où sont ses vrais amis, parmi
ceux qui, le traitant avec la rude franchise de

Franklin, lui indiquent le travail et l'économie comme unique secret de s'enrichir, ou parmi ceux qui, en l'égarant à la poursuite d'un Eldorado chimérique, l'ont mené à la misère et aux horreurs de la guerre civile. Et le pays, quand la tourmente sera calmée (fasse le Ciel protecteur de la France que ce soit bientôt!), n'oubliera pas les Michel Chevalier, les Faucher, les Wolowski, les Charles Dupin, les de Falloux, etc., ces hommes courageux qui, au milieu du désordre général, quand les cœurs et les esprits les plus fermes étaient troublés, n'ont jamais désespéré du salut du navire, parce qu'ils n'ont jamais perdu le Nord.

Ce qu'on a si courageusement osé pour sauver la fortune publique, pour détourner ces nuages sanglants que des hommes imprudents ont accumulés depuis quatre mois sur Paris, ne peut-on pas, ne doit-on pas le tenter aussi pour la Constitution? La question est aussi grave, l'intérêt n'est pas moindre, le danger est imminent, et pour tout dire c'est la même question, le même intérêt, le même danger. S'il n'y a pas une vérité économique qui ne soit une vérité politique, puisque, reconnue ou repoussée, elle se traduit en prospérité ou en désastres pour la société, il n'y a pas non plus une erreur dans la Constitution qui ne puisse compromettre la richesse et la félicité publiques. En ce moment, qu'on aille au fond des choses, que trouve-t-on dans tous ces systèmes qui prétendent régénérer la société en lui imposant de vive force une nouvelle organisation politique ou économique? Partout la même erreur; c'est toujours l'éternelle querelle de l'Utopie et de l'Expérience, de l'orgueil et du bon sens. Derrière ces belles imaginations est l'impatience et le désespoir de théoriciens qui, désolés de leur impuissance, ou prenant follement leurs paradoxes pour des principes éternels, aiment mieux briser la société pour la refondre à leur image que d'accommoder leur panacée aux besoins, aux souffrances de cette mère commune dont ils devraient respecter la faiblesse et les infirmités. Toujours la fable d'Æson! C'est une créature débile et vieillie qu'on veut rajeunir par les procédés de la magie, et que, sans crainte du parricide, on jette en morceaux dans la chaudière enchantée, au risque de n'en tirer que les ossements de la mort.

La Constitution sera bientôt votée par l'Assemblée, grave et redoutable problème dont la solution décidera des destinées du pays. Là nous retrouve-

rons en présence les défenseurs de l'expérience et
du bon sens, et les écoles socialistes, communistes,
ultra-révolutionnaires, chacune d'elles traînant la
France à sa ruine par l'exagération d'un principe
absolu. Vaincues dans les rues par le canon,
chassées de l'administration, où elles n'ont laissé
que les décombres de la fortune publique, c'est
dans la Constitution qu'elles chercheront un terrain pour se retrancher et battre encore en brèche
la société. Quel parti prendra le législateur pour
prévenir le retour de ces doctrines insensées? Il
est permis de tout craindre en présence du projet
de Constitution, compromis bizarre entre les idées
saines du passé et les théories socialistes et révolutionnaires, théories soutenues de seconde main
par des champions qui n'ont pas, ce semble, une foi
très-profonde dans le mérite de la dame dont ils
arborent fièrement les couleurs populaires. Recom-
mencera-t-on les folies de la première Révolution?
fera-t-on table rase pour élever de toutes pièces un
édifice sans fondements qui ne tiendra pas? ou bien
se maintiendra-t-on sur un terrain solide et connu,
en conservant de la Charte de 1830 les institutions compatibles avec la forme républicaine,
en cherchant la meilleure Constitution, non pas

dans des combinaisons artificielles, mais dans la satisfaction donnée aux idées, aux habitudes, aux besoins de la France d'aujourd'hui?

Tous les partis demandent à grands cris une *république démocratique*; mais qu'y a-t-il derrière ce mot d'ordre vide de sens, et que chacun interprète à sa guise? Rien, sinon la vaniteuse prétention de quelques sectes qui, chacune, veulent refaire à leur gré une société nouvelle et différente. Leur république démocratique n'est pas, comme les États-Unis, un gouvernement fondé sur le respect de la liberté individuelle poussé jusqu'à l'idolâtrie; c'est une république de fantaisie, qui varie suivant le caprice, l'ambition ou l'envie des inventeurs qui se disputent le soin de nous régénérer. Mais, de bonne foi, entre la république représentative qui convient aujourd'hui à la France, et la monarchie constitutionnelle, dont le pays se fût contenté hier si, au lieu de tourner la Charte, on l'eût franchement exécutée, s'imagine-t-on qu'il puisse exister une différence si profonde, une opposition si tranchée, qu'on doive repousser des institutions bonnes et dont nous avons l'habitude, uniquement pour essayer, en haine de la monarchie, de systèmes qui n'ont jamais été appliqués et dont personne ne peut calculer ni la force, ni l'étendue? Tout autre qu'un utopiste peut-il d'ailleurs supposer qu'un si brusque changement soit possible, et que trois mots écrits sur un papier renversent du jour au lendemain les habitudes politiques d'un peuple à qui la violence même ne ferait pas changer la forme de ses vêtements, l'heure de ses repas ou les usages de sa maison? Garder nos institutions démocratiques (et, quoi qu'on en dise, elles étaient nombreuses avant février), les développer régulièrement, y joindre, après mûr examen, les institutions réclamées par la nouvelle forme de gouvernement, tel est aujourd'hui le devoir du législateur, s'il veut sauver la France de l'anarchie qui l'envahit. Respect des droits légitimes du passé, prudence et fermeté dans les innovations, voilà sa devise. Que s'il préfère rompre brutalement avec la tradition et se lancer comme un autre Icare dans les espaces imaginaires de la théorie, on peut lui prédire une chute terrible et prochaine. Toute constitution sortie d'un seul jet de la tête du législateur est mort-née : l'histoire est là pour le dire, et il y a quelques mille ans que Solon, convaincu de cette vieille vérité, refusait déjà d'accommoder ses lois au gré et à la volonté de ceux qui l'avaient élu réformateur, et se vantait d'avoir donné à son peuple non pas les meilleures lois possibles, mais les meilleures que pussent accepter et pratiquer les Athéniens, en d'autres termes, les seules durables.

Je sais qu'en temps de révolution on est mal venu à parler du respect et du maintien de ce qui existe; détruire est le cri universel. On détruit comme les enfants, comme les sauvages, pour le plaisir de la ruine; mais c'est au législateur que je m'adresse, et celui-là n'est pas digne de ce beau nom, qui sacrifie l'intérêt vital de la France aux passions du moment, à la vaine et misérable popularité du jour. D'ailleurs, le respect du passé, plus nécessaire aujourd'hui que jamais, quand des théories désastreuses menacent à la fois la propriété et la liberté, ce respect n'exclut pas de nombreuses innovations, et la marge des améliorations est assez grande pour que les gens sensés puissent s'en contenter. Mais, même en ce point, gardons-nous de l'inconnu, et demandons à l'expérience des solutions plus sûres que toutes les promesses de la théorie. Croit-on, par exemple, que nous n'ayons rien à apprendre de la Belgique, le pays de l'Eu-

rope où la démocratie est le plus complète et le
mieux réglée? Serons-nous assez enfants pour ne
pas reconnaître une véritable république avec un
président héréditaire dans cet État, où, grâce à
l'antiquité des franchises municipales, la liberté
est mieux comprise et plus sincèrement pratiquée
que chez nous? Si le nom de royaume nous effraye, ne pouvons-nous tout au moins demander
quelques leçons à ces États-Unis dont on rejette déjà
l'exemple avec une superbe dont l'ignorance et la
présomption ont eu de tout temps le privilége? Et
les anciens, qui ont pratiqué la démocratie sur une
si large échelle, ne nous ont-ils rien laissé sur les
conditions essentielles d'une bonne république,
sur les dangers de la démagogie, sur la ruine
prochaine de tous les gouvernements purs, parce
qu'étant absolus, ils sont forcément tyranniques?
Si aujourd'hui on avait le temps de lire autre chose
qu'un journal, on serait tout étonné, en ouvrant
la *Politique* d'Aristote ou la *République* de Cicéron, d'entendre la voix grave et impartiale des
siècles prononcer sur les destinées de notre jeune
gouvernement. La durée de la République dépend
des institutions qu'adopteront les représentants.
Sage, prudente, conciliant tous les intérêts du

pays en assurant à chacun sa part légitime d'influence, elle peut se promettre une longue existence;
démagogique, organisant le règne d'une faction, ou
même le despotisme immédiat de la majorité, elle
va droit à la dictature, et peut-être à la royauté.
On peut, dans un éloquent préambule, lui décréter
l'immortalité; mais cette immortalité ne sera que
d'un jour si le gouvernement est oppressif, s'il
écrase une partie de la nation au profit égoïste de
l'autre, s'il s'appuie sur les deux plus mauvais
instincts de l'homme, la cupidité et l'envie; en
peu de mots, si, au lieu d'être la chose publique,
le bien commun de tous, il est un monopole entre
les mains de quelques intrigants qui flattent et
trompent le peuple pour s'en faire un instrument
de richesse et de domination.

Que sera notre future République? Législateurs,
c'est vous qui en déciderez! Les formes politiques
ne sont pas tout, sans doute, et il ne suffit pas
toujours d'une bonne constitution pour assurer la
prospérité du pays; néanmoins, aujourd'hui on peut
dire que la charte nouvelle sera pour la France l'é-
lément principal de sa prospérité ou de sa ruine.
L'ordre, la paix intérieure, le libre développement
du commerce et de l'industrie, tout en ce moment

dépend des institutions que vous allez consacrer.
Cette œuvre est difficile ; pour y réussir néanmoins,
il faut moins de génie que de prudence et de fermeté. Gardez-vous des utopistes ; n'écoutez pas
tous ces partis plus bruyants que nombreux , qui
cherchent à vous étourdir de leurs systèmes décevants ; restez fidèles aux fortes maximes de nos
pères, et, sans rêver un monde impossible, con-
tentez-vous de nous faire entrer dans cette terre
promise qu'avait entrevue la Constituante et que
nous cherchons en vain depuis soixante ans. Avant
tout et par-dessus tout, répandez à pleines mains
la liberté dans les institutions, car c'est la liberté
seule qui pose les problèmes et qui les résout. Ne
souffrez pas qu'on la confisque au profit de l'Etat,
ce Saturne impitoyable à qui les socialistes offrent
la nature humaine en sacrifice. Cherchez tous les
moyens d'améliorer la condition de l'ouvrier et du
pauvre, sûrs qu'en ce point il n'y a en France qu'une
opinion et qu'un désir ; mais ne souffrez pas qu'au
nom prétendu de la fraternité, on menace la liberté
et la propriété du citoyen. D'un bienfait de l'Etat,
d'une promesse charitable, ne faites pas un droit
que l'individu réclame un jour la menace à la
main. Ne ruinez pas le riche pour satisfaire un

instant la cupidité du pauvre; mais, au contraire, donnez à tous, par l'éducation et par le développement de la richesse générale, cette modération de l'âme et cette indépendance du besoin, qui seules rendent possible l'égalité sociale. Faites cela, législateurs, et votre œuvre, plus durable que celle de vos prédécesseurs, immortalisera votre sagesse, et vous donnera le premier rang parmi les bienfaiteurs de la patrie et de l'humanité!

CHAPITRE PREMIER.

De l'État, de ses droits et de ses devoirs.

—

C'est dans la meilleure et quelquefois dans la plus savante distribution des pouvoirs publics, qu'on cherche ordinairement les éléments d'une bonne Constitution. Raisonner ainsi, c'est prendre la question de seconde main et chercher la cause dans l'effet. Ce qu'il faut avant tout déterminer, ce sont les principes dont s'inspire le législateur, principes qui donneront à la Constitution sa forme et son esprit. Parmi ces principes, il en est qui tiennent à la condition du siècle, du pays, aux idées morales ou religieuses en faveur, et parmi lesquels le législateur peut, jusqu'à un certain point, faire un choix. Il en est d'autres qui ne sont rien moins qu'arbitraires, et qui dominent nécessairement toute œuvre humaine qui veut durer. C'est de ces premiers principes que je m'occupe. Il ne s'agit point ici d'une

vaine métaphysique, mais des données constantes
de l'expérience et du bon sens. C'est faute d'accepter ces données incontestables que les écoles philosophiques du dix-huitième siècle, comme les
écoles socialistes du dix-neuvième, ont érigé en
système les plus étranges erreurs; les premières sa-
crifiant la société à l'individu, les autres immolant
l'individu à l'Etat, chacune d'elles n'envisageant
qu'un côté de la vérité.

Qu'on ne croie donc pas que nous poursuivions
en ce moment des curiosités philosophiques, des
études bonnes pour la spéculation, inutiles pour la
vie, et qui, si elles n'égarent pas le législateur, lui
font au moins perdre son temps. Au contraire, l'é-
tablissement, ou pour mieux dire, la reconnaissance
de certains principes dirigeants, auxquels tout doit
se rapporter et se subordonner dans nos institutions, tel est aujourd'hui le point capital, comme
on le reconnaîtra prochainement, quand viendra la
discussion de la Charte nouvelle. Il est à craindre
que la confusion ne soit extrême et que, partis de
points opposés, on ne puisse se rencontrer sur un
même terrain. Qu'est-ce en effet qu'une constitution? La meilleure distribution des forces de la société pour atteindre un certain but que reconnaît

le législateur, et, après lui, la nation. Mais si l'on
n'est d'accord ni sur le but, sur les moyens de l'atteindre, ni sur les forces dont on dispose, comment
s'entendre sur la nouvelle organisation des pouvoirs publics? Si l'on ne peut convenir de la limite
et de l'étendue respective des maximes les plus
respectables, si des partis ennemis entre eux inscri-
vent sur leur bannière un même mot qui pour chacun a un sens différent, que pourra-t-il sortir de
cette confusion infinie de langage et de projets, sinon une Babel politique? Si le sang, qui fume encore dans nos rues, et qui nous crie la concorde
et l'union, n'amène pas l'ajournement de ces prétentions hautaines, de ces projets téméraires qu'on
voulait imposer de force à la société, si l'on n'en
revient pas à renouer la tradition, il est à craindre
que la Constitution de 1848, transaction impossible
entre des principes ennemis, n'échoue comme les
erreurs brillantes de la Révolution, et qu'elle n'aille
prochainement rejoindre, dans la poudre des bi-
bliothèques, ses devancières de 1791 et de 1793,
ne laissant comme elles que le souvenir de son impuissance et la confirmation trop chèrement ache-
tée des grandes vérités que le législateur ne méconnaît jamais impunément.

5

Qu'on ne se trompe pas sur la situation; le danger est assez grand pour que nos législateurs s'y prennent à deux fois avant de suivre la Commission de constitution sur le terrain où elle s'est laissé entraîner. Grâce à la décision de quelques hommes, grâce au courage héroïque des citoyens, la France vient de traverser victorieusement une crise où la civilisation devait périr; mais l'ordre rétabli dans la cité ne l'est point dans les esprits : des canons sur nos places, l'exil de quelques misérables, peuvent comprimer l'émeute; mais ce sont des moyens impuissants pour détruire la racine des guerres civiles, et le mal est trop grand pour qu'une amputation sanglante sauve la société. La maladie qui nous dévore, ce n'est point l'agitation de la rue, qui n'est qu'un symptôme, c'est l'anarchie des idées. Le danger qui nous menace toujours vient de ces doctrines mensongères que le goût du paradoxe, trop commun dans notre pays, a fait accueillir sans défiance, que le dédain des hommes éclairés a laissées grandir, que la misère et l'ignorance ont acceptées comme un nouvel évangile, et dont hier des hommes égarés par des promesses d'autant plus brillantes qu'elles sont impossibles, demandaient la réalisation le fusil à la main. Ce

qui précipite la France vers une décadence immi-
nente, ce ne sont pas, comme on a pu le croire un
instant, les déclamations furibondes de quelques
voltigeurs de 93, gens qui font surtout du bruit
parce qu'ils ont peur, et dont le cœur sensible dé-
ment la grosse voix : le danger est dans ces théories
socialistes, communistes, humanitaires, qui depuis
quelques années se sont multipliées à l'infini ; doctrines diverses et qui s'entre-combattent, mais dont
le caractère commun et fatal est de s'attaquer aux
fondements mêmes de la société, je veux dire à la
propriété et à la liberté individuelle; doctrines qui
depuis quatre mois nous ont valu la ruine, la misère et la guerre civile, et qui, si on les laisse pénétrer dans la Constitution, en chasseront la liberté, et nous mèneront droit au despotisme. La
liberté est en péril : c'est, aujourd'hui, ce bien
essentiel du citoyen et de l'homme qu'il faut pré-
server. La liberté compromise, adieu la civilisation
et tous ses fruits! Sauver la liberté, voilà le cri
d'alarme qui, en ce moment, doit retentir de toutes
parts! Que nos législateurs, gagnés à leur insu par
quelques-unes des illusions socialistes, se con-
vainquent par un examen sérieux que toutes ces
organisations prétendues désorganisent la société,

en étouffant ce bien suprême conquis par vingt siè
cles de lutte, la liberté; une fois cette conviction
acquise, la Constitution ne sera plus qu'une œuvre
facile, car il s'agira non plus d'organiser l'impossible, mais d'assurer à tous la plus grande somme
de liberté et de bien-être, mais de continuer le sillon
ouvert par nos pères; mais de régulariser et d'éten-
dre le jeu d'institutions qui, par la pratique ou la
discussion, nous sont depuis longtemps familières.

Est-il vrai que le danger soit aussi grand? Est-il
vrai que ces théories nouvelles portent en elles
l'âcre venin de la tyrannie? C'est ce que je vais essayer de démontrer, si la patience du lecteur lui
permet de me suivre dans l'examen de ces systèmes
décevants.

La philosophie politique de notre siècle est bien
loin des doctrines universellement reçues par nos
pères; elle part du point diamétralement opposé.
On est revenu des idées de Locke et de Rousseau,
idées qui eurent tant d'influence sur les législateurs de la Révolution, et qui percent dans toutes
les déclarations de droits, frontispices obligés de
nos Constitutions républicaines. On n'admet plus
que l'état de nature ait précédé l'état social, ni que
l'individu ait fait le sacrifice de ses droits naturels

en entrant dans la communauté politique. L'histoire nous montre partout l'homme vivant en société (qu'est-ce autre chose que la famille, sinon une première forme de l'État), et la raison, d'accord avec l'expérience, nous dit que l'homme est un être essentiellement sociable, que ce n'est pas seulement l'intérêt personnel, mais un besoin, mais un instinct irrésistible, qui le poussent à vivre avec ses semblables, dût cette vie commune lui imposer les plus lourdes charges, sans compensation. C'est seulement par l'association que l'homme obtient la complète satisfaction de ses besoins physiques, moraux et intellectuels; c'est là seulement qu'il se développe librement; la société est donc sa condition naturelle, et il n'en a point d'autre. Ce n'est point l'homme civilisé, c'est le sauvage qui est un être dégénéré.

Ainsi l'État, ou la forme sociale, n'est point un mal nécessaire accepté par des individus indépendants, afin d'éviter de plus grands maux; ce n'est pas davantage un contrat dont l'original est introuvable, contrat dans lequel les générations passées auraient stipulé sans droit pour les générations présentes. Il n'y a rien d'arbitraire dans l'existence de l'État. C'est un ordre essentiel, un ordre su-

périeur et divin, auquel nul peuple ne peut se sous-
traire sans se dissoudre et cesser d'être ; l'anarchie, c'est le suicide des nations, car l'État est la
condition de leur développement et de leur perfection, en d'autres termes de leur vie.

Mais si vivre en société est une nécessité pour
l'homme, et s'il n'y a pas de société sans gouvernement, il n'en faut pas conclure que le gouvernement, ou si l'on veut, l'État soit la fin dernière de
l'humanité, et que chacun de nous ne soit ici-bas
qu'un des mille ressorts d'une immense machine
fonctionnant à son seul profit, sinon au plus grand
profit de ceux qui la dirigent. C'est là que gît l'erreur commune des socialistes et des communistes,
quel que soit du reste l'immense intervalle qui, au
point de vue moral et religieux, les sépare les uns
des autres. Cette erreur, aujourd'hui dominante,
est bien autrement dangereuse que celle de Rousseau ; car s'il était peu à craindre qu'en exaltant le
sentiment de l'indépendance personnelle, le philosophe de Genève fît retourner ses adeptes au fond
des bois, il est au contraire fort à redouter qu'avec
des intentions excellentes, et des paroles toutes
chrétiennes, les socialistes ne nous ramènent au
despotisme doucereux des jésuites du Paraguay.

Mieux vaut cent fois la turbulence d'une société
où l'individu a une opinion exagérée de sa liberté,
qu'un couvent industriel ou politique dans lequel
chacun fait abnégation de son libre arbitre, pour ne
vouloir et pour ne faire que ce qu'ordonne un di-
recteur, sinon plus infaillible, au moins plus absolu que le pape aux plus beaux jours de sa domination.

Veut-on toucher au doigt ce qu'il y a de faux et
de dangereux dans ces théories excessives? qu'on
lise le résumé suivant des doctrines de l'école la plus
recommandable assurément par l'honnêteté et le
dévouement des hommes qui la représentent [1].

« Les sociétés n'ont d'existence et de vie que parce
« qu'elles forment des nations.

« Le principe de la nationalité, le devoir et la
« mission de chaque peuple dominent les droits et
« les intérêts individuels.

« L'individu n'a de valeur que par le devoir qu'il
« remplit vis-à-vis de la société, par la fonction qu'il
« accomplit dans l'œuvre commune.

« Ainsi, les droits individuels doivent être jugés

[1] *Revue nationale*, de MM. Bastide et Buchez, numéro du 4 mai 1848, t. I, p. 421. Comparez l'article du 1er juin, p. 467.

« au point de vue de la société, et non pas les droits
« de la société au point de vue de l'individu. »

Si l'auteur de cette exposition a voulu dire qu'en
certains cas l'individu doit sacrifier son bien et
même sa vie à l'intérêt général, il a exprimé en
termes déclamatoires une vérité assez vieille pour
être dite plus simplement; mais si, comme je le
crois, au lieu de reconnaître que la société et l'individu ont des droits et des devoirs réciproques, il
a subordonné entièrement l'un à l'autre, et posé en
règle absolue que l'État a le droit de disposer du citoyen quand et comme il l'entend, il a énoncé une
maxime abominable dans ses conséquences, et qui
serait la justification de toutes les tyrannies. Il ne
sert de rien de dire que chaque peuple a une mission, et que c'est seulement pour cette mission (sociale ou divine, comme on voudra) que l'État a
le droit d'épuiser les forces de l'individu; raisonner ainsi, c'est reculer la difficulté, mais non
la résoudre. Car cette mission, qui la détermine? Est-ce la volonté générale, ou, en d'autres
termes, le vote d'une majorité? est-ce le chef de
l'État? Mais si cette majorité qui prononce sans
appel est égarée par la passion, ou même par l'excès
des plus nobles sentiments? Si, par exemple, au

nom de la fraternité, elle donne pour mission à la France de secourir tous les peuples opprimés, et que pour une guerre facilement évitable elle use notre dernier homme et notre dernier écu? Mais si votre pape social n'est pas infaillible? s'il prend un paradoxe pour une vérité, le cri de la rue pour la voix du pays? s'il croit à l'organisation du travail, à la communauté, à quelqu'une de ces rêveries si bien placées dans les livres, mais qui se traduisent en coups de fusil quand elles en sortent? Nous voilà sur le grand chemin de la tyrannie, et de la plus insupportable de toutes, une tyrannie qui s'impose en quelque façon de droit divin, qui a foi en elle-même, et qui n'admet ni discussion ni raisonnement. Votre Etat est un couvent où règne une seule volonté, celle du supérieur; une seule vérité, son opinion; une seule pensée, son rêve du jour. Quel que soit le chef de ce gouvernement, homme ou assemblée, c'est un despote plus absolu que les souverains de l'Orient. Le résultat le plus certain de votre révolution sociale, c'est d'inaugurer la tyrannie, sinon dans les hommes, au moins dans les institutions. Mais laissez faire l'inexorable logique qui régit les choses humaines; le despotisme une fois déposé dans l'organisation sociale, le maître ne se fera pas attendre, les événements l'en feront sortir.

Les socialistes se font illusion, parce qu'ils sont animés des intentions les plus pures; parce que, comme tous les sectaires, ils se croient en possession d'une vérité divine, et au succès de laquelle le salut même de l'individu est intéressé. Ces doctrinaires de la Révolution poussent d'autant plus loin le *compelle intrare*, que la grandeur de la mission qu'ils dirigent les fait passer aisément sur la grandeur du sacrifice qu'ils imposent au troupeau qui les suit. Pour voir le système dans sa laideur naïve, il faut étudier les doctrines communistes, doctrines émanées du même principe, mais qui, ne s'occupant que des biens de la terre, ont un aspect matérialiste qui révolte les âmes bien nées. La tyrannie y est plus apparente. On voit clairement que l'homme, dépouillé de son indépendance extérieure, perd du même coup sa liberté intérieure et tombe au rang de la brute, n'ayant plus comme elle que des appétits à satisfaire. Dans ce système, quelle différence y a-t-il entre le bœuf qui tire la charrue et l'être misérable qui le dirige? Tous deux ont mêmes besoins, partant mêmes droits, puisque le besoin est le premier et le seul titre reconnu par l'école communiste.

What is a man
If his chief good and market of his time
Be but to sleep and feed? A beast, no more.
Sure, he, that made us with such large discourse
Looking before and after, gave us not
That capability and godlike reason
To fust in inused [1].

(*Hamlet*, act. IV, sc. IV.)

De pareilles folies révoltent en nous notre propre nature qui résiste à la dégradation; l'homme
sent bien que, tout en étant essentiellement sociable, il est cependant fait avant tout pour exister
individuellement. Il repousse avec une horreur in-
stinctive ces doctrines qui attentent à sa liberté,
car s'il n'est plus libre, il n'est plus homme. Mais
que les socialistes ne s'y trompent pas; poussé dans
ses dernières conséquences, leur système descend
aussi bas que celui des communistes. Le communisme n'est que la forme la plus logique du socialisme; il est en germe au fond de tout système où l'on

---

[1] « Qu'est-ce que l'homme, si son bien suprême, si le but de sa
« vie n'est que dormir et manger? Une brute, et rien de plus.
« Certes, celui qui nous a créés avec cette large intelligence
« embrassant le passé et l'avenir, ne nous a point donné cette
« capacité et cette raison divine pour qu'elles demeurent en nous
« sans jamais nous servir. »

pose en principe le droit absolu de l'Etat sur l'individu. L'Etat, dit-on, doit respecter la loi morale; soit; mais les communistes croient, non-seulement la respecter, mais la faire triompher en détruisant la propriété, et c'est au nom du même principe que M. Buchez défend le propriétaire et que M. Cabet l'attaque; preuve trop évidente qu'il n'y a rien de moins absolu que cette *vérité sociale*, au nom de laquelle on doit régénérer le monde. Pour moi, je dirai que la communauté des biens me semble une conséquence naturelle de la maxime socialiste que *l'individu n'a de valeur que par le devoir qu'il remplit à l'égard de la société, par la fonction qu'il accomplit dans l'œuvre commune.* Ce principe une fois admis, je ne vois pas ce qu'on peut opposer aux apôtres d'Icarie.

Il est incroyable combien les hommes aiment à se payer de mots. Le despotisme oriental nous révolte comme une monstruosité, le socialisme est prôné comme une grande et noble découverte; et cependant, à ne considérer que la théorie, je ne vois point de différence entre ces deux systèmes. Une doctrine qui prétend disposer de la liberté personnelle sous prétexte de guider et de régulariser le développement humain, qu'est-ce autre chose que la substitution d'une volonté étrangère à la volonté individuelle; en d'autres termes, qu'est-ce, sinon le despotisme? Qu'un maître m'asservisse à son caprice, ou qu'un philosophe, imposant à la société un but qui n'est pas celui que la nature m'assigne, dispose arbitrairement de mon activité, de ma fortune, de toute ma vie, où est la différence pour moi qu'on écrase? Ne suis-je donc qu'un citoyen? Ne suis-je pas un homme, c'est-à-dire une personne libre, ayant comme telle des droits et des devoirs en dehors de l'Etat? Mes idées, mes croyances, la libre détermination de ma vie, le soin de ma famille, le fruit de mon travail, tout cela ne m'appartient-il pas directement, et sans concession de l'Etat? et par conséquent l'Etat n'est-il pas tenu de respecter les conditions de ma nature, les conditions sans lesquelles je cesse d'être homme et ne m'appartiens plus? Est-ce l'Etat qui m'a donné la liberté pour décider de mes actions, et le sentiment de la justice pour les régler; et peut-il à son gré absorber, détourner, anéantir ma liberté, mon intelligence, ma responsabilité morale? S'il le peut, qu'est-ce donc que l'homme? s'il ne le peut pas, où est la limite de sa puissance, où s'arrête la souveraineté?

4

En somme, il faut toujours revenir au même point. Qu'est-ce que cette vérité sociale qu'on fait sonner si haut? Qui la constate? qui a droit de la formuler en loi ? qui détermine la fonction sociale de l'individu? quand et comment le souverain a-t-il le droit d'y soumettre le citoyen? Si c'est au raisonnement et à l'expérience qu'il appartient de fixer la limite délicate où s'arrête le droit de l'Etat, le socialisme n'est qu'un mot sonore et vide; de tout temps la politique a été l'art de concilier et de subordonner l'intérêt général et l'intérêt particulier, quand ces deux intérêts se font sérieusement concurrence. Si, au contraire, le socialisme apporte à l'humanité une formule nouvelle; si, suivant cette formule, c'est à l'Etat (c'est-à-dire à l'homme ou à l'assemblée qui gouverne) qu'il appartient de déterminer le but social, et d'y faire concourir l'individu jusqu'à l'entier épuisement de ses forces, je demande ce que devient la liberté sous un pareil régime? Nous retombons sous la verge de fer d'une théocratie nouvelle; nous sommes les serfs des prêtres de l'Etat. Sous de belles paroles, sous l'apparence de l'égalité ou de la fraternité, c'est le nombre et la force qui s'imposent, et non pas le droit.

Je comprends que les socialistes exaltent la pa-

pauté, car ils l'ont prise pour idéal. Pour eux, la vérité, l'infaillibilité sociale remplacent la vérité et l'infaillibilité divine; du reste, c'est la même doctrine, la même défiance de la raison et de la liberté humaines; c'est toujours une autorité supérieure qui s'impose sans discussion, ou, si l'on veut, qui a le dernier mot dans toutes les questions, et qui exige l'obéissance au nom de la foi. Seulement, les socialistes ne voient pas que pour rendre l'assimilation complète, et l'empire de leur petite Eglise aussi légitime que celui de l'Eglise catholique, il ne leur reste plus qu'à justifier de la divinité de leur mission, et, cette divinité démontrée, à se renfermer dans le domaine de la conscience, sans prétendre violenter ce qu'il y a de plus inviolable au monde, la liberté humaine. Car enfin, la vérité politique, inventée par M. Buchez ou M. Leroux, ne peut avoir plus de priviléges que la vérité divine, et si l'Eglise n'attend le triomphe de l'Evangile que de la libre soumission des fidèles, je ne saisis pas bien de quel droit socialistes ou communistes m'imposeront forcément l'association volontaire, ou m'enfermeront malgré moi dans un de ces mécanismes ingénieux où l'individu tournera, sa vie durant, pour la plus grande gloire de la religion sociale. Quand on propose de confisquer à perpétuité la liberté, c'est bien le moins qu'on justifie du titre supérieur et divin en vertu duquel on arrête court le développement régulier de l'humanité.

Que les socialistes prouvent donc d'abord qu'ils ont trouvé la loi dernière de l'humanité (et pour ma part, à voir tant de gens qui l'ont subitement découverte, chacun de son côté, j'ai quelque scrupule sur le mérite de l'invention); qu'ils prouvent ensuite l'autorité absolue que Dieu a mise dans leurs mains, car la possession même de la vérité n'autorise pas la contrainte, et alors nous nous rendrons; jusque-là, nous aurons droit de repousser une tyrannie que rien n'autorise, et il sera vrai de dire qu'en se jetant dans un excès contraire pour éviter l'écueil où s'est brisé Rousseau, les socialistes n'ont point trouvé une loi nouvelle de la civilisation, mais qu'ils ont seulement rencontré un nouveau sophisme pour colorer la tyrannie. Certes, je ne reconnais point là les doctrines catholiques qui font une si belle part à la liberté, et Luther même, que vous attaquez, était tout à la fois meilleur chrétien et meilleur politique que vous, quand dans son traité sur les devoirs du sujet envers les magistrats, il inscrivait au fronton de l'édifice social cette grande et féconde maxime : *Dieu ne peut et ne veut laisser le gouvernement de l'âme humaine à personne autre qu'à lui seul.*

Mais, dira-t-on, prenez garde que vous ébranlez le principe même de l'autorité; entre l'Etat qui déclare l'intérêt général et le citoyen qui refuse de le reconnaître, entre l'Etat qui exige un service et l'individu qui s'y refuse, qui prononcera, sinon l'Etat? D'accord; mais ne confondons pas le pouvoir et le droit. Quelle que soit la forme d'un gouvernement, république ou monarchie, il est bien certain que, résumant en soi les droits, les intérêts, la force de tous, ce gouvernement ne reconnaîtra point sur son territoire de puissance égale ou supérieure à la sienne, et comme il possède seul la souveraineté, il est clair qu'il en peut abuser; mais c'est précisément cet abus qui caractérise les mauvais gouvernements; c'est par l'excès de leurs prétentions qu'ils périssent, bien plus que par le vice de leur origine, ou la distribution plus ou moins habile des pouvoirs publics. On a vu des usurpateurs, des despotes se faire bénir en administrant dans l'intérêt général, en ménageant la liberté et la propriété de leurs sujets, tandis que plus d'une république a été maudite et renversée par les citoyens opprimés. L'accord du plus grand bien-être social et du plus grand bien-être individuel, telle est la fin de tout gouvernement. Au ménagement de ce double intérêt on reconnaît l'art du politique; sacrifier l'un à l'autre, c'est marcher au despotisme ou à l'anarchie, double abîme où se sont perdus des établissements plus fortement constitués que notre jeune République.

Les socialistes font-ils la juste part de ce double intérêt, ou bien penchent-ils démesurément du côté où pèse l'intérêt de l'Etat? C'est une question que résout un instant de réflexion. Après le raisonnement, il peut être curieux de consulter sur ce point l'expérience, cette souveraine maîtresse de la science et de la vie politique. Qu'on ouvre les écrits les plus célèbres de la première Révolution, ou qu'on lise les auteurs du dix-huitième siècle, en général, et malgré les différences du point de vue, on trouvera que nos pères poursuivaient un idéal bien différent de celui que certaines écoles proposent aujourd'hui à notre admiration. Qu'on se rattachât au passé, ou qu'on rompît avec lui, ce qu'on demandait sous toutes les formes possibles, c'était la liberté; liberté de penser, liberté d'écrire, liberté d'industrie, de commerce, de religion; par-

tout et toujours la liberté! Ce que nos pères considéraient comme un gouvernement vicieux, despotique, abominable, c'était, il faut bien le dire, quelque chose qui approchait de l'idéal rêvé par les socialistes; c'est-à-dire un Etat qui se fait centre et
ramène tout à soi; un Etat qui affaiblit le lien de
famille en intervenant mal à propos dans ces relations délicates; qui inquiète la propriété en prétendant sur elle un droit éminent; qui gêne et trouble le commerce par des monopoles, ou par l'avidité
du fisc; qui, enfin, en voulant tout régler, brouille
et désorganise tout, parce que forcément il substitue la fantaisie d'un homme ou d'une secte aux
rapports naturels établis et consacrés par le temps.
Pour ces esprits simples, à qui manquaient les clartés de la Jérusalem nouvelle, un bon gouvernement
était celui qui voyait avant tout, dans le droit public, des formes protectrices du droit privé; qui
laissait à l'individu et à la propriété la plus grande
somme possible de liberté, et ne se croyait en
droit de taxer l'un ou l'autre qu'en justifiant d'une
impérieuse nécessité. Pareille erreur règne encore
aux Etats-Unis, dans cette République trop monarchique pour que notre Sparte moderne y cherche des modèles. Dans ce pays où la liberté a

donné de si beaux fruits, on est loin de charger
le gouvernement d'agir, de prévoir et presque de
penser pour les citoyens; tout au contraire, c'est
à l'individu, à la famille, aux corporations, aux
communautés, à l'association libre que l'État s'en
remet de la plus grande part du mouvement social,
restant, quant à lui, dans la sphère supérieure des
intérêts généraux, et ne descendant jamais dans
celle des intérêts privés. *Help yourself*, ne t'attends qu'à toi seul, telle est la devise politique et
sociale de l'Américain. La liberté suffit à tout dans
cet État, où l'on n'a point encore inventé l'atelier
national, l'association commanditée par le gouvernement, les monopoles, l'impôt progressif, la
guerre au capital, et où cependant le travail est plus
abondant et l'ouvrier mieux payé, mieux instruit,
plus influent que partout ailleurs; exemple de peu
de valeur sans doute, puisque le socialisme n'a pas
encore passé l'Atlantique pour régénérer le Nou-
veau-Monde à l'exemple du nôtre, et y verser les
torrents de prospérité dont on nous inonde... dans
l'avenir; mais exemple bon à méditer cependant
par tous ces alchimistes qui croient régénérer la
France en épuisant, depuis quatre mois, le sang
généreux de ses veines pour y substituer l'eau
claire de leurs théories!

CHAPITRE II.

Suite du même sujet. — Des déclarations de droits.

—

J'en ai dit assez, je l'espère, pour faire ressortir l'erreur fondamentale des socialistes ; l'Etat n'a pas seulement des droits sur l'individu, il a aussi des devoirs envers lui, et ces devoirs, ce n'est pas le législateur qui les invente et les définit, car ils sont sinon antérieurs à l'état social (comme le prétendait Rousseau), au moins contemporains de la première société qui a paru sur la terre. L'homme a des droits en sa qualité d'homme, des *droits naturels*, si l'on veut prendre ces mots dans leur véritable sens. C'est Dieu lui-même qui, en créant l'homme libre, intelligent, responsable, en lui associant une compagne, en lui soumettant la terre, lui a donné ces droits que tout législateur est tenu de respecter, parce que l'Etat, fait pour l'homme, doit le prendre avec les conditions de sa nature, et ne peut avoir ni la prétention de le refaire, ni le droit de le gêner dans le libre développement de ses facultés. Rousseau avait tort de nier l'état social pour sauver la liberté, mais il avait cent fois raison de défendre les droits imprescriptibles de la nature humaine contre l'arbitraire des gouvernements; sa doctrine, fausse en certains points parce qu'elle était exclusive, était libérale dans ses conséquences, et nous lui devons quelques-unes des plus grandes conquêtes de la Révolution. En peut-on dire autant de ces écoles dogmatiques qui nous parlent toujours de nos devoirs et jamais de nos droits?

Ces droits, que doit reconnaître toute constitution qui veut durer, puisque leur maintien est précisément sa raison d'être, sont-ils invariables? Oui, dans leur essence, car leur essence est la nature humaine; non, dans leur manifestation extérieure, car l'histoire est là pour nous dire qu'en chaque siècle et presque en chaque pays on a entendu de façon différente la satisfaction des besoins et des désirs de l'humanité. Partout et toujours les hommes ont eu raison de demander que l'État respectât leur liberté physique, intellectuelle et morale, qu'il ne troublât pas les saintes relations

de la famille, qu'il ne s'attribuât pas sans cause les
fruits d'un travail légitime; mais quoiqu'on en pense
communément, rien de moins absolu que le sens
de ces mots LIBERTÉ, FAMILLE, PROPRIÉTÉ; la valeur qu'on leur assigne varie d'un siècle à l'autre,
et dans un même temps elle change du Nord au
Midi. Qu'on discute avec un Anglais sur le droit
d'aînesse ou sur la faculté de tester, on verra bien
vite que d'un côté à l'autre de la Manche l'idée de
famille ou de propriété diffèrent sensiblement.
Et sans sortir de France, croit-on que les énu-
mérations du projet de Constitution épuisent la
définition de la liberté ou de l'égalité? Les discus-
sions des bureaux n'ont-elles pas prouvé aux plus
incrédules combien on est loin d'être d'accord sur
l'étendue de ces grands principes qu'on accepte
avec une apparente unanimité?

Qu'on ne cherche donc point à résoudre un
problème impossible, et qu'on n'applique point à
la science du gouvernement des procédés qui n'ont
de valeur que dans les sciences exactes. Une vérité
mathématique une fois trouvée est invariable, et se
peut définir; il n'en est pas ainsi d'une vérité politique, car la politique est, ainsi que la médecine,
un art plutôt qu'une science, et comme son objet est

essentiellement mobile, elle ne peut jamais suivre de règles absolues [1]. La liberté, telle que nous l'entendons, est une tout autre liberté que celle pour laquelle on mourait au seizième siècle, et la propriété que réclamaient les vilains n'était point le droit que nous défendons aujourd'hui. Ce n'en était pas moins la liberté et la propriété. Une seule chose est certaine, c'est que le progrès de l'humanité se résume dans l'extension chaque jour plus grande de la liberté individuelle, et que l'histoire nous fournit en ce point une loi générale qui donne un démenti à toutes les utopies socialistes et communistes. Cette loi, on peut la formuler ainsi : *Du degré de puissance prétendu par l'Etat, on peut conclure le degré de civilisation auquel est parvenu un pays, et, en général, le progrès des lumières, de l'aisance et de la félicité publiques est en raison inverse de l'intervention de l'Etat.* Dans une contrée où le souverain (peuple ou roi, peu importe) est tout-puissant et se mêle de tout, la liberté, la fa-

---

[1] « Il faut tirer toutes les règles de pratique, non d'une suite « de raisonnements antérieurs, quelque probables qu'ils puissent « être, mais de l'expérience dirigée par la raison. » Nos politiques devraient souvent se répéter cette maxime d'Hippocrate !

mille, la propriété s'amoindrissent, la civilisation
s'arrête ou tourne à la barbarie ; au contraire, partout où la liberté de l'individu ne rencontre point
d'obstacles dans le gouvernement, où le droit de
famille et le droit de propriété sont respectés comme
les premières institutions publiques, l'intervention
de l'Etat, réduite à la seule gestion des intérêts
généraux de la communauté, tend chaque jour à se
restreindre, tout en gagnant en énergie dans la
sphère où elle se renferme. Il en est des peuples
comme des hommes ; dans leur enfance, il leur faut
perpétuellement une main qui les soutienne, une
pensée qui les dirige ; mais quand vient l'âge mûr,
et avec lui la volonté et la responsabilité, ce n'est
plus d'autorité que l'homme a besoin pour vivre,
c'est de raison ; ce n'est plus le magistrat qui commande, c'est la loi. Le cercle du commandement
se resserre, celui de la liberté s'élargit. Les Américains, les Anglais, les Belges, en sont arrivés à
cette forme de gouvernement où le pouvoir a
d'autant moins besoin d'action que les citoyens
agissent davantage, et d'autant moins besoin
de force que l'obéissance est libre et raisonnée.
Quant à nous, qui depuis trente ans nous sommes proposé pour idéal le *Self governement*, il

serait triste d'avoir fait une révolution pour qu'elle nous remît aux lisières du socialisme !

Mais si ces noms sacrés, LIBERTÉ, FAMILLE, PROPRIÉTÉ, ont un sens variable ; si, après un demi-siècle, on n'entend plus de la même manière l'ÉGALITÉ, la FRATERNITÉ et ce qu'on nomme aujourd'hui le DEVOIR SOCIAL, à quoi bon les déclarations de droits ? Dans ces préambules pompeux, et sans utilité législative, toute énumération est insignifiante, et toute définition dangereuse. C'est à l'expérience, c'est à l'étude qu'il appartient de tirer chaque jour les conséquences nouvelles de ces grands principes sur lesquels porte la société. Le devoir du législateur est de sanctionner des résultats certains, et de transformer en lois les conquêtes de l'intelligence et du temps. Aller plus loin, c'est sortir de son rôle, c'est s'ériger inutilement en professeur de métaphysique sociale, c'est oublier que l'humanité et la science n'ont jamais dit leur dernier mot, c'est souvent appeler la discussion sur un terrain qui croule sous les pieds. Bon pour l'école de prendre pour thèse : *An sit Deus ?* Mais si vous transportez de pareilles controverses dans l'Eglise, que devient la religion ? Le législateur ne fonde pas la société, il n'est pas chargé de monter en chaire pour

démontrer philosophiquement de quels éléments
elle se compose; il ne prêche pas, il commande ; il
ne discute pas, il agit. C'est pour la société telle
qu'elle existe, et non pour la république de Platon
qu'il écrit des lois. Ce n'est point d'une propriété
abstraite, d'une liberté abstraite qu'il s'occupe ;
mais de la propriété telle que le cours des siècles
l'a définie, mais de la liberté qui répond aux désirs et aux besoins de son temps. Garantir les institutions de son pays, leur assurer un libre jeu, développer le bien-être général sans contrarier la
liberté individuelle, tel est son lot, et il doit s'y
tenir : la plus belle définition de la propriété ne
vaudra pas la moindre loi qui préviendra une agres-
sion injuste; la plus brillante déclaration de fraternité ne vaudra pas la fondation d'une caisse
de retraite pour l'ouvrier infirme ou vieilli. Encore une fois, aux philosophes la discussion, aux
législateurs le commandement et l'action.

Croit-on ces déclarations inoffensives? On se
trompe étrangement; rien de plus dangereux en
politique et en législation que ces maximes indéter-
minées qui promettent tout et ne tiennent rien.
Après les magnifiques énonciations du préambule,
vient la législation qui règle et limite les libertés si

amplement prodiguées. Cette législation semble un démenti donné aux promesses de la Constitution; on a l'air d'ôter d'une main ce qu'on a offert de l'autre, et le peuple s'explique difficilement pourquoi le lendemain d'une révolution on réduit toujours les magnifiques espérances qu'on faisait luire à ses yeux pendant le combat.

Je prends pour exemple la définition de la liberté, telle que l'a comprise le projet de Constitution; voyez combien la pratique s'écarte, dès le premier jour, des promesses de la théorie.

La liberté consiste dans le droit d'aller et de venir. Oui, mais si vous n'êtes pas muni d'un passe-port, le premier gendarme venu vous arrête. *C'est le droit de s'assembler paisiblement et sans armes.* Mais avant un mois vous aurez une loi contre les clubs, et vous conserverez à la police le droit d'autorisation préalable pour les réunions publiques. *C'est le droit de s'associer.* Mais il vous faudra bientôt, comme le dernier règne, poursuivre les sociétés secrètes, dernier refuge de l'esprit anarchique. *Le droit d'exercer son culte.* Est-il bien sûr que vous souffrirez toute espèce de manifestation religieuse, au risque d'encourager quelque franc-maçonnerie politique? *Le droit de manifester ses opinions par la*

voie de la presse ou autrement. Et vous réglemen-
terez les journaux, les affiches, les théâtres, les
clubs; vous limiterez la liberté, non-seulement en
punissant ses écarts, mais encore en les prévenant.
Aurez-vous raison de le faire? Oui certes; mais vous
avez eu tort d'encourager des prétentions indéfinies
par des promesses téméraires. Tout au contraire,
vous devez enseigner au peuple que, pour ne pas
dégénérer en licence, pour ne pas mettre en danger la société, toute liberté demande une limite,
et que cette limite c'est la loi qui la donne, l'éten-
dant ou la resserrant suivant l'intérêt général. Telle
est au fond l'œuvre de l'Etat. Ce n'est pas lui qui
concède à l'individu les droits éternels que l'homme
tient de sa nature; mais c'est lui qui, dans l'intérêt social, en règle l'exercice et les assure en les limitant. C'est donc une première faute que de faire
concéder en apparence par l'Etat des droits qu'il reconnaît, mais qu'il n'accorde pas; c'en est une seconde et plus grave que de présenter au peuple ces
droits comme absolus, au lieu de les lui faire con-
naître dans la forme concrète sous laquelle la loi en
accepte l'exercice. C'est s'exposer à ce que les principes exprimés par le législateur se retournent contre lui, et jettent sur son œuvre la défaveur et la

désaffection; c'est, par exemple, courir le risque que, la Constitution à la main, les clubs attaquent la loi qui les réprime, et prétendent en résistant mettre la légalité de leur côté, l'arbitraire et l'oppression du côté du gouvernement.

Que feront les tribunaux en pareil cas? Accepteront-ils la déclaration de droits comme une part de la Constitution, comme la règle suprême de leurs décisions? Il leur faudra prononcer que les clubs ont raison, et qu'une loi ordinaire n'a pu, en les restreignant, porter atteinte aux principes consacrés par cette grande charte. Comment alors gouverner? Comment le pouvoir législatif se tirera-t-il de ce conflit avec de nouveaux parlements? Les magistrats décideront-ils que les lois spéciales dérogent à la Constitution? A quoi bon tout l'appareil dont on entoure le vote de cet acte solennel, si ce n'est qu'une loi comme les autres, et la plus insignifiante de toutes, puisque les principes les plus importants, dépourvus de sanction, attendent la vie d'une loi postérieure qui semble les dénaturer en les limitant? Jugera-t-on que la déclaration de droits n'a aucune valeur légale et n'est qu'une proclamation philosophique? Mais d'abord, pourquoi distinguer dans la Constitution une part qu'on exé-

cute et une part qu'on laisse de côté? Et puis, si ce
sont de vaines déclamations, pourquoi inscrire un
mensonge au front de l'édifice politique? Si ce sont
des *dogmes* qu'a proclamés le législateur, pourquoi
n'agit-il pas selon ses convictions? pourquoi ne
transforme-t-il point en lois les vérités sociales qu'il
a reconnues? Manque-t-il de conviction ou de courage? Pourquoi tromper le pays en lui proposant un
idéal auquel on croit si peu qu'on l'abandonne dès
le début? La première condition pour qu'un peuple ait foi dans ses institutions, c'est que le législateur ait foi dans sa cause. C'est un chef de famille,
un chef d'armée; l'hésitation ne lui est pas permise,
car il a dans ses mains l'avenir et le salut de tous.
Il ne doit rien croire qu'il ne fasse, rien promettre
qu'il ne tienne, car la société tout entière vit de sa
parole et de sa pensée; la confiance en l'homme
perdue, adieu son œuvre; elle tombera au premier
vent.

Du reste, jamais le danger des déclarations de
droits n'a été plus sensible que dans le projet
de 1848; jamais, en effet, on n'a vu le législateur
prendre d'engagements plus téméraires; jamais on
n'a confondu plus étrangement la morale et le
droit. Et ce qui est plus triste, c'est qu'on voit que

les auteurs du projet n'ont pas la moindre foi dans leur œuvre. Bien différents en ce point de leurs prédécesseurs de 91 ou de 93, ils ne croient guère à ces droits *imprescriptibles*, comme les nomme M. Lamennais, et dont quelques-uns n'ont jamais existé. Leur choix est un compromis bizarre entre les prétentions diverses de l'école révolutionnaire et de l'école socialiste. C'est à nos anciens constituants qu'on a emprunté l'égalité et la sûreté, choix assez malheureux, soit dit en passant, car la sûreté est tout autre chose qu'un droit du citoyen ; c'est la raison d'être du gouvernement, et l'anarchie dont souffre l'individu est bien plus fatale encore pour l'État qu'elle emporte en un jour de tempête, comme une triste expérience vient de nous l'apprendre. Quant à l'égalité, c'est un droit qu'on peut entendre de tant de façons, qu'il eût mieux valu ne pas en entreprendre la définition, et se borner à dire que tous les citoyens sont égaux devant la loi, et également admissibles aux emplois publics. Aller plus loin, c'est s'engager sur une pente glissante, et qui tourne au communisme. La définition du projet qui déclare que l'égalité consiste dans l'*exclusion de* TOUT *privilège de naissance,* et dans *la participation* ÉQUI-

TABLE *de tous les citoyens aux charges et aux avan-*
tages de la société, a un aspect communiste des
plus prononcés; sans être malintentionné, on y
peut voir un assez faible respect pour le droit
d'héritage, dont le nom n'est nulle part prononcé, et peut-être une certaine faveur pour l'impôt progressif, une de ces merveilleuses inventions
de l'envie, à l'aide desquelles les financiers socialistes empêcheront les *riches d'être oisifs et de man-*
ger les pauvres [1].

Toutefois, cet emprunt fait à nos anciennes Constitutions n'est rien à côté de la consécration du
droit à l'instruction et du *droit au travail,* droits nouveaux que nos pères ont ignorés et que les socialistes ont découverts. Pour moi, plus j'y réfléchis,
et moins je comprends cette vérité nouvelle, qui
achève l'Évangile et supprime la charité. Le *Ma-*
nuel républicain de l'homme et du citoyen, pu-
blié sous les auspices du ministre de l'instruction publique, a beau me dire que *le premier*
droit de l'homme est de vivre, tout comme le premier
devoir de ses semblables est de lui en fournir les
moyens, dans l'obligation charitable qui conduit

[1] Expression du *Manuel républicain de l'homme et du citoyen.*

la société à secourir les pauvres, je ne vois rien qui
fonde le droit au travail que nos législateurs proposent, en tremblant, de consacrer dans la Constitution. Est-ce donc un droit qui appartient à l'individu par sa seule nature, de recevoir l'instruction
et d'obtenir le travail? Mais alors il faut avouer que
ce droit diffère singulièrement des droits reconnus
jusqu'à ce jour par les anciennes déclarations, car
il impose aux tiers l'obligation d'agir. Ce n'est pas
le respect qu'il demande, c'est un service qu'il
exige. Quand je prétends que mon semblable res-
pecte ma liberté, ne touche point à mes enfants
ou à ma femme, ne détruise point la récolte que
j'ai semée, je ne lui demande, après tout, que de
s'abstenir. Et comme, en restant chez moi, je ne
lui nuis en rien, il n'est pas juste qu'il entre sur
mon domaine, car il me fait un mal sans cause et
que rien n'autorise. En pareil cas, ma résistance
est légitime; j'ai, comme disait Kant, le droit
du poing (le *Faustrecht*), le droit de la force pour
protéger ma liberté, mon bien, ma famille: l'ennemi repoussé, mon droit cesse, car il est d'une
nature toute négative. La liberté, la famille, la propriété, et si l'on veut même l'égalité et la sûreté,
sont des droits absolus qui existent par eux-mê-

mes, ce ne sont pas des servitudes ou des obligations imposées à autrui; et c'est à ce titre qu'ils
ont droit au respect de tous, car ils sont un
avantage pour tous, sans être une oppression pour
personne.

Mais qu'est-ce que ce droit étrange en vertu
duquel je puis recourir à la contrainte pour
exiger de mon voisin qu'il m'instruise ou me fasse
travailler? Et ce droit que peut-être on ne me re-
connaîtrait pas contre un individu, puis-je l'avoir
contre la commune, contre le département, contre
l'État? Non sans doute; comment aurais-je contre
la société d'autres droits que contre les individus
qui la composent? Qu'est-ce donc que le droit à
l'instruction et au travail ? C'est une promesse
faite par le gouvernement de fournir, autant que
possible, l'éducation et le travail à ceux qui en
manquent. Mais, à moins que la langue ne soit
bouleversée, à moins qu'on ne distingue plus entre
les notions de la morale et de la loi, est-ce qu'une
telle promesse peut engendrer un droit? Contre
l'arbitraire du gouvernement, qui menace ma propriété ou ma liberté, je puis invoquer les lois et les
tribunaux; ils ont été créés pour me défendre; mais
à qui m'adresser pour contraindre l'État à me don-

ner gratuitement l'éducation? Et si l'atelier national ne peut m'accorder de travail, comment forcer
l'État de m'occuper ? La société est coupable
qui me laisse mourir de faim, et la misère excuse le vol que je fais d'un morceau de pain pour
sauver ma vie; mais, à moins de renverser toutes
les idées gravées dans le cœur humain, qui osera
soutenir que je suis propriétaire de ce morceau de
pain, et que le boulanger qui le détient est un
voleur? C'est cependant ainsi que le droit au travail pose la question; c'est ainsi que des théories
coupables, des promesses fallacieuses ont égaré
l'esprit populaire. Allez au fond des sanglantes
émeutes de juin, vous en trouverez la cause véritable dans ce droit au travail, si imprudemment pro-
clamé le lendemain de la révolution de Février.
Inscrivez-le dans la Constitution comme un droit
imprescriptible et incontestable , et demain on
vous criera, comme il y a quelques jours : *Du
pain ou du plomb!* Et quand vous aurez épuisé et
ruiné la société par une taxe des-pauvres, on vous
criera encore : *Riches, à genoux* (si toutefois il reste
des riches); car enfin, tant qu'un homme a le droit
d'exiger du travail, et qu'un autre a le pouvoir
d'en donner, le créancier qui exige a raison, le

débiteur qui refuse a tort et 'doit s'exécuter. [La charité transformée en obligation légale, ce n'est plus celui qui donne qui est le bienfaiteur, c'est celui qui attend, car c'est un créancier qui prolonge une échéance. Admirable résultat des principes socialistes ! En brouillant la morale et le droit, en exagérant jusqu'à l'absurde des principes bienfaisants, ils ont fait de la fraternité un instrument de guerre civile. Bien aveugle et bien imprudent le législateur qui s'engagerait dans cette route déjà tachée de sang! Occupez le pauvre, instruisez ses enfants, rien de mieux! Mais qu'il sache bien que c'est un bienfait et non pas un payement qu'il reçoit. Qu'il soit le débiteur, et non pas le créancier de l'État; l'obligé, et non pas l'ennemi de cette société qui le nourrit[1]!

En résumé, point de déclaration de droits; car l'inutilité de ces maximes générales n'est que leur moindre défaut. Mais surtout, dans l'intérêt de la paix publique, supprimez le droit à l'instruction et le droit au travail; car, encore une fois, ce ne sont

---

[1] « Il faut écouter celui qui a faim pour remédier à sa faim ; « mais si, au lieu de l'écouter, on recevait ses ordres, sa faim « causerait la famine pour toute la société. » Sismondi, *Études sur les Constitutions des peuples libres*, p. 109.

ni des droits imprescriptibles, ni des droits naturels, ni des droits d'aucune espèce. Promettez, au
nom de l'Etat, de donner, dans la mesure de vos
forces, l'éducation, le travail, l'assistance ; recon-
naissez que la religion chrétienne et la fraternité
vous font un devoir charitable de secourir le pauvre, l'infirme, l'enfant et le vieillard ; mais réservez
votre liberté, maintenez votre indépendance ; ou
sinon attendez-vous que le peuple, qui se croira
trompé, vous redemandera, un jour ou l'autre, et
peut-être les armes à la main, l'exécution de vos
impossibles promesses [1].

Je ne dis rien des devoirs sociaux énoncés dans
le projet de Constitution ; cette énumération sen-
timentale est une concession puérile faite aux théories socialistes ; elle n'a ni objet ni utilité. L'ordre
dans lequel les devoirs sont placés a quelque chose
de ridicule ; on dirait qu'ils ont été mis en raison

[1] Sur tout ce qui concerne les moyens d'aider utilement les
pauvres, je recommande le Traité de Cabanis *Sur les secours publics* ; on y verra qu'il n'y a rien de nouveau sous le soleil , pas
même l'atelier national et les maux qu'il engendre ; on y verra
également avec quelle sagesse Cabanis traitait cette question délicate de la taxe des pauvres ; car, en définitive, le droit au travail pourrait bien ne pas être autre chose.

inverse de leur importance : le respect de la Constitution y figure avant l'accomplissement des devoirs de famille, et ces derniers avant la maxime qui embrasse l'humanité tout entière. Mais il est inutile d'insister sur un pareil sujet. La déclaration des devoirs n'est pas dangereuse comme celle des droits; c'est un hors-d'œuvre sans importance, et voilà tout. Il est temps de passer à une question plus sérieuse.

CHAPITRE III.

Du pouvoir du législateur et de ses limites.

———

Il y a cinquante ans que M. le comte de Maistre prononçait contre la Constitution de l'an III, à peine promulguée, une condamnation prophétique qu'un temps bien court devait justifier[1]; que le lecteur relise aujourd'hui ces pages pleines de sens, et qu'il dise si la Constitution de 1848 ne porte pas en elle les germes de mort qui devaient faire périr la Constitution de 1795; qu'il dise si, à un demi-siècle d'intervalle, ce ne sont pas les mêmes erreurs et les mêmes illusions. A quoi, bon Dieu! servent donc l'expérience et l'histoire? et faut-il que des leçons si chèrement payées soient éternellement inutiles?

———

[1] *Considérations sur la France*, chap. VI.

« Aucune Constitution ne résulte d'une délibé-
« ration, disait de Maistre ; les droits des peuples
« ne sont jamais écrits, ou du moins les actes consti-
« tutifs ou les lois fondamentales écrites ne sont
« jamais que des titres déclaratoires de droits an-
« térieurs, dont on ne peut dire autre chose, sinon
« qu'ils existent parce qu'ils existent. »

C'est en d'autres termes ce que disait le sage
Portalis, éclairé par les rudes expériences de la
Révolution : le législateur n'invente pas les lois, il
les écrit.

« L'application des principes que je viens d'ex-
« poser à la Constitution française, continue de
« Maistre, se présente naturellement, mais il est bon
« de l'envisager sous un point de vue particulier.

« Les plus grands ennemis de la Révolution fran-
« çaise doivent convenir avec franchise que la Com-
« mission des Onze, qui a produit la dernière Consti-
« tution, a, suivant toutes les apparences, plus
« d'esprit que son ouvrage, et qu'elle a fait peut-
« être tout ce qu'elle pouvait faire. Elle disposait
« de matériaux rebelles qui ne lui permettaient pas
« de suivre les principes, et la division seule des
« pouvoirs (c'est ainsi que de Maistre nomme les
« deux Conseils), quoiqu'ils ne soient divisés que

6.

« par une muraille, est cependant une belle victoire
« remportée sur les préjugés du moment[1].

« Mais il ne s'agit que du mérite intrinsèque de
« la Constitution. Il n'entre pas dans mon plan de
« rechercher les défauts particuliers qui nous assu-
« rent qu'elle ne peut durer; d'ailleurs, tout a été
« dit sur ce point. J'indiquerai seulement l'erreur
« de théorie qui a servi de base à cette construc-
« tion, et qui a égaré les Français depuis le premier
« instant de leur révolution.

« La Constitution de 1795, tout comme ses aînées,
« est faite pour l'*homme*. Or, il n'y a point d'*homme*
« dans le monde. J'ai vu dans ma vie des Français,
« des Italiens, des Russes, etc.; je sais même, grâce
« à Montesquieu, *qu'on peut être Persan;* mais
« quant à l'*homme*, je déclare ne l'avoir rencontré
« de ma vie; s'il existe, c'est bien à mon insu.

« Y a-t-il une seule contrée de l'univers où l'on
« ne puisse trouver un Conseil des cinq-cents, un
« Conseil des anciens et cinq directeurs? Cette

---

[1] De Maistre a raison : établir deux Chambres était plus difficile alors que d'en maintenir deux aujourd'hui; mais les constituants de 1795 avaient l'expérience des dangers inévitables
qu'amène une Chambre unique, et malheureusement, cette expérience, ils ne l'ont pas transmise à leurs successeurs.

« Constitution peut être présentée à toutes les asso-
« ciations humaines, depuis la Chine jusqu'à Ge-
« nève. Mais une Constitution qui est faite pour
« toutes les nations, n'est faite pour aucune; c'est
« une pure abstraction; une œuvre scolastique faite
« pour exercer l'esprit d'après une hypothèse
« idéale, et qu'il faut adresser à l'*homme* dans les
« espaces imaginaires où il habite.

« Qu'est-ce qu'une Constitution? N'est-ce pas la
« solution du problème suivant :

« Étant données *la population, les mœurs, la re-*
« *ligion, la situation géographique, les relations*
« *politiques, les richesses, les bonnes et les mauvaises*
« *qualités d'une certaine nation, trouver les lois qui*
« *lui conviennent?*

« Or, ce problème n'est pas seulement abordé
« dans la Constitution de 1795 qui n'a pensé qu'à
« l'*homme.*

« Toutes les raisons imaginables se réunissent
« donc pour établir que le sceau divin n'est pas sur
« cet ouvrage ; ce n'est qu'un *thème.*

« Aussi, déjà dans ce moment (de Maistre écrivait
« en 1796), combien de signes de destruction! »

Y a-t-il un mot à changer dans ces pages étin-
celantes d'esprit et de sens, pour y lire l'arrêt de la

Constitution projetée de 1848? Qu'est-ce que cette
Assemblée unique et permanente, dont la puissance
sans frein sera celle de la Convention, de si triste
mémoire pour les amis de la liberté? Qu'est-ce
que ce Conseil d'Etat irresponsable chargé d'une
part de la législation et de l'administration? Qu'est-
ce que ce président, à qui l'Assemblée impose d'urgence ses caprices sans qu'il puisse résister plus
de quatre jours à l'entraînement ou à la passion
populaire? Sont-ce là des institutions enracinées
dans les mœurs et les habitudes de la France,
comme la liberté de la presse, le jury, le vote de
l'impôt? Est-ce tout au moins la consécration d'un
désir national, d'un besoin profondément senti et
depuis longtemps exprimé? Est-ce pour de pareilles
conquêtes qu'on s'est battu en février? Serait-ce
enfin un emprunt fait à l'expérience de peuples plus
avancés que nous dans la carrière de la liberté,
emprunt toujours difficile et d'un effet douteux,
mais qui peut avoir son excuse dans les nécessi-
tés d'une situation nouvelle? Ce n'est rien de tout
cela. Cette Assemblée unique qui, si elle est acceptée, ramènera en France le plus effroyable des
gouvernements, la tyrannie anonyme, le despotisme sans responsabilité morale; ce président sans

pouvoir, espèce de sergent aux ordres de l'Assemblée ; ce Conseil d'Etat hybride, qui n'est ni un corps législatif, ni un tribunal, ni même un conseil ; toutes ces institutions nouvelles sont des rêves sortis tout d'une pièce de la cervelle de M. Lamennais, de M. de Cormenin ou de quelque autre de nos Jupiters constituants, rêves qu'on impose à la France, qui ne s'en soucie nullement, mais qui, comme toujours, payera de son or et de son sang les frais de l'expérience.

Que sera ce Conseil d'Etat imaginé par M. de Lamennais, et dénaturé par les auteurs du projet de Constitution ? Un rouage inutile, ou le suprême régulateur de la législation et du gouvernement ? Bien hardi qui pourrait le dire, et je tiens pour constant qu'on trouvera dans l'Assemblée dix opinions contraires, et cependant probables, sur le mérite de cette invention qui n'a pas encore marché, et qui selon moi ne marchera pas. Que fera votre président du jour où l'Assemblée, lui imposant une volonté injuste, le forcera, par une loi votée en deux jours, de dénoncer un traité antérieurement accepté, ou de déclarer une guerre dont il ne veut pas, lui chargé des destinées du pays, et responsable devant la France, devant l'Europe, de-

vant la postérité? Quel parti prendra l'Assemblée
en face de la résistance d'un président élu par sept
ou huit millions de suffrages, et cent fois plus populaire que le corps qui lui dicte des lois? Qui dé-
partagera cette Assemblée, qu'on ne peut renvoyer
par une dissolution devant le peuple, son juge suprême, et ce président soutenu, encouragé dans
sa désobéissance par l'opinion publique, et qui,
n'ayant pas même de *veto* pour refroidir la passion de
la Chambre, ne peut défendre ce qu'il croit l'intérêt
du pays qu'en se révoltant? Verrons-nous une accusation briser le favori du peuple, ou un 18 bru-
maire élever un maître sur les ruines de l'Assemblée? Tout est possible, tout est probable, quand
on met en jeu des forces inconnues; et, quelque
ingénieuse que soit la machine, personne ne peut
dire quel ressort se brisera, s'il en ignore la résistance. Je défie tout homme de bonne foi de nier
que dans le projet Lamennais ou dans le projet du
Comité, un conflit entre l'Assemblée et le président
ne puisse arriver dans un temps assez court (et je
ne parle point du cas où un prétendant serait nommé à la présidence); je le défie également de me
trouver dans toutes ces combinaisons le moyen
d'empêcher l'explosion qui emportera la présidence

ou la législature, car dans cette crise fatale, tout
dépendra d'un élément qu'on ne peut calculer, l'o-
pinion. Pour moi, la Constitution est grosse d'une
révolution qui mène infailliblement à la dictature
d'un homme, ou à la dictature des Comités, si jus-
tement suspecte. Les dangers que je prévois, un
autre peut ne pas y croire; mais il en découvrira
que je ne soupçonne pas. Chacun du moins con-
viendra avec moi qu'il est impossible de deviner
quel gouvernement peut nous donner une Assemblée souveraine, plus absolue que Louis XIV, et
un pouvoir exécutif étrangement énervé, il est vrai,
mais que l'opinion soutiendra dès le premier jour,
parce qu'en France, comme chez toutes les races
romaines, l'opinion s'incarne toujours dans un
homme, et que la nation aime à se sentir conduite
et tenue par un chef. Il n'est personne, en un mot,
qui ne voie avec effroi qu'on lance le pays dans
l'inconnu, et qu'au delà de ces ténèbres il y a
peut-être tout un monde de révolutions! Bien coupable ou bien lâche celui qui, par orgueil ou par
faiblesse, assume sur sa tête une pareille responsabilité!

Pauvre France, en quelles mains es-tu tombée,
et de quoi te sert d'avoir traversé tant de révolu-

tions depuis cinquante ans, si tes enfants les plus
chers ne connaissent pas encore ce que renfer-
ment ces constitutions, présent funeste des utopistes, fatales boîtes de Pandore d'où sont sortis
pour toi tous les maux! Quoi! c'est chose indiffé-
rente pour une nation que de vivre sous un pouvoir
exécutif fortement constitué, comme l'étaient l'Empire, la Restauration, et même la dernière monarchie, et l'on peut, sans que rien en souffre, remplacer cette ferme organisation par un simulacre
de président, placé sous la tutelle mobile d'une
Assemblée? On peut substituer à la décision d'un
chef unique la volonté ondoyante de neuf cents
personnes, sans blesser le pays dans ses intérêts
et ses habitudes les plus légitimes, et sans compromettre ou sans dénaturer cette centralisation dont
on a sans doute abusé, mais à laquelle la France
doit cette unité d'administration qui fait sa force?
C'est après l'expérience de tant de Constitutions
évanouies, comme s'évanouissent les rêves, qu'il
se trouve encore des hommes d'Etat pour croire
sérieusement qu'on crée une institution en jetant
dix lignes sur un papier qu'emportera le vent?
Malgré l'exemple de l'Amérique, de la Belgique, et
de la Suisse, malgré l'usage de tous les pays libres

du continent, malgré l'avis à peu près unanime
des publicistes, malgré les souvenirs récents de la
Révolution, on nous déclare que la France ne veut
plus de la division du pouvoir législatif à laquelle
elle est habituée depuis plus de trente ans? Une
seule Chambre est possible, nous crient ces logiciens fougueux qui raisonnent en politique comme
le khalife Omar en littérature, et par amour de la
simplicité tirent tout droit au despotisme; puis,
l'instant d'après, ces mêmes hommes, qui ne
croient pas au maintien d'une institution qui hier
encore était debout en France et qui aujourd'hui
fait le tour de l'Europe, ces mêmes hommes ad-
mettent, sans difficulté, qu'en faisant nommer
quarante personnes par l'Assemblée, au scrutin
secret et à la majorité absolue, il va sortir de l'urne
les noms de quarante sages qui, par la seule autorité
de leurs lumières et de leur raison, maintiendront
la balance entre l'Assemblée et le président! Aux
leçons du passé, aux conseils du présent, nos constituants préfèrent, sans hésiter, les combinaisons
qu'ils ont péniblement déduites dans le silence du
cabinet, et, dans leur vanité, ils croient que le pays
s'attachera à cette institution sans racines, et la
défendra contre le dédain d'un ministre, ou la ja-

lousie d'un pouvoir unique? En chargeant quarante personnes inconnues au pays qui ne les a
pas nommées, sans initiative, sans *veto*, de la ré-
daction des projets de lois et des règlements d'administration publique, on se flatte d'avoir créé un
corps politique, et trouvé le suprême régulateur
de la machine républicaine? On n'a créé qu'une
illusion. Qu'est-ce que cette belle série d'articles
qui établissent un Conseil d'Etat et déterminent
ses attributions, sinon des mots, des rêveries, des
théories sans consistance, et, comme dit M. de
Maistre, une constitution faite pour l'*homme*, et
non pour la France? Quand une institution existe,
sa disparition fait un vide ; son absence rend la
Constitution incomplète ; on sent qu'il manque un
organe essentiel à la vie du pays ; mais ce Conseil
d'Etat, qui empêche de le modifier, de le remplacer, de le supprimer, sans que le projet de la Commission en souffre sensiblement? Y a-t-il rien de
plus aisé que d'imaginer trois, quatre, dix, vingt
plans tout aussi plausibles! et une Constitution qui
se plie à tant de combinaisons, qu'est-elle autre
chose qu'un jeu d'esprit?

« Les peuples existent, dit M. de Sismondi [1],

[1] *Études sur les constitutions des peuples libres*, p. 25 et suiv.

« et ce ne sont point les législateurs qui leur ont
« donné la vie; les peuples existent, et chaque peu-
« ple a une Constitution dans le sens le plus large
« de ce mot, puisqu'il existe. Le législateur ne doit
« toucher à cette Constitution qu'avec la lime, ja-
« mais avec la hache. Il doit la modifier de ma-
« nière à la rendre toujours plus propre au per-
« fectionnement et au bonheur des hommes; mais
« en y travaillant, il ne doit jamais oublier qu'il
« peut ôter la vie, et qu'il ne peut pas la rendre;
« or, cette vie est peut-être attachée à quelqu'un
« des organes qu'il veut corriger ou supprimer.

« La Constitution comprend toutes les habi-
« tudes d'une nation, ses affections, ses souvenirs,
« les besoins de son imagination, tout aussi bien
« que ses lois... Aussi, rien n'indique un esprit
« plus superficiel et plus faux en même temps, que
« l'entreprise de transplanter la Constitution d'un
« pays dans un autre, *ou celle de donner une Con-*
« *stitution nouvelle à un peuple, non d'après son*
« *propre génie ou sa propre histoire, mais d'après*
« *quelques règles générales qu'on a décorées du nom*
« *de principe.* Le dernier demi-siècle, qui a vu naître
« tant de ces Constitutions banales, tant de ces
« Constitutions d'emprunt, peut aussi rendre té-

« moignage qu'il n'y en a pas eu une seule qui
« ait répondu ou aux vues de son auteur, ou aux
« espérances de ceux qui l'acceptèrent.

« Répétons aux législateurs que le pouvoir de
« créer ne leur a point été donné, et qu'ils doivent
« s'estimer heureux s'ils conservent en même temps
« qu'ils améliorent. »

Je cite de préférence M. de Sismondi, car c'est
un ervent républicain qui parle, et un homme
dont l'indépendance d'esprit fut poussée jusqu'à
l'extrême; mais assurément, ce n'est pas lui qui a
découvert la vérité vulgaire que Caton formulait
ainsi : *Nec temporis unius nec hominis esse constitu-
tionem reipublicæ*[1]. Elle est apparue au premier qui
a fait de la politique une science d'observation,
au lieu de prétendre imposer aux hommes les rêveries de son cerveau; elle fait le fond du livre d'A-
ristote comme de la *République* de Cicéron; Montesquieu l'a reconnue comme Grotius; malheureusement, dès qu'on en vient à l'application, l'orgueil
du législateur la méconnaît, et préfère des combinaisons artificielles à l'examen et au respect des
faits. Burke, dans ses *Réflexions sur la révolution*

[1] Cicéron, *De rep.*, II, 21.

de France, écrivait par avance l'histoire de la République; mais qui alors eût voulu écouter Burke, et qui même voudrait le lire aujourd'hui, quoique son livre n'ait rien perdu de son à-propos? Qui donc en ce moment voudrait s'avouer disciple de cette école historique qu'il est de mode d'insulter depuis que son illustre et respectable chef est tombé dans la tourmente qui menace d'emporter la monarchie de Frédéric! Et cependant, pour qui ne se laisse point éblouir par ces tourbillons que soulèvent les passions humaines, et qui ne prend pas un nuage pour la vérité, quelle terrible confirmation ont reçue des événements les principes glorieusement soutenus par M. de Savigny depuis quarante ans! Nous avons vu les sectes socialistes à l'épreuve; nous avons vu les disciples de Robespierre essayant de terroriser la France, et de lui imposer leurs passions, leurs préjugés, leur jalousie. Qu'est-il resté de ces tentatives impies? rien que des ruines qui, longtemps encore, accuseront l'impuissance radicale de ces désastreuses théories. Est-il certain aujourd'hui que la société n'est pas une machine insensible dont on puisse à son gré changer les ressorts (ce qui pour le dire en passant à nos mécaniciens politiques est difficile même d'une machine), mais bien un être animé, comme l'a cent fois répété M. de Savigny, une personne vivant d'une vie collective, ayant des passions, des besoins, des idées dont on ne peut la dépouiller sans la mutiler et peut-être la tuer? Est-il évident que prétendre modifier la Constitution sociale par un décret est une tentative aussi insensée que de vouloir modifier par ordonnance la constitution d'un malade; qu'au philosophe, au prêtre, à l'écrivain il appartient de développer et de changer insensiblement les idées et les mœurs d'une nation, mais que prétendre les supprimer brusquement par une loi, c'est folie; et qu'en deux mots le législateur est fait pour la société, et non point la société faite pour le législateur? Vieilles vérités dira-t-on, et bien insuffisantes pour régénérer le monde. Oui, vieilles vérités comme celles que soutient l'économie politique. Il est facile aux sectes socialistes, comme aux disciples de Robespierre, d'accuser l'impuissance et la trivialité de la science; mais quand une heure de révolution jette ces admirables génies aux affaires, on s'aperçoit bientôt, aux ruines qui marquent leur passage, qu'aujourd'hui le temps des grandes découvertes est passé, qu'il n'y a plus de législateurs illuminés, et que, tout incomplètes qu'elles

soient, les vérités péniblement acquises par l'observation et l'expérience sont le seul guide que
reconnaisse un législateur sincèrement ami du pays.
Nous avons vu au pouvoir un adversaire déclaré
du système historique, le citoyen Ledru-Rollin :
peut-être suffira-t-il de dire que les disciples de
M. de Savigny eussent fait tout le contraire de ce
qu'a tenté le fougueux proconsul, pour qu'on ait une
moins mauvaise opinion d'une école qui croit avoir
réduit la politique en science positive, une école
qui, si ses principes sont vrais, prédit hardiment
qu'en rompant la tradition pour nous imposer une
Constitution révolutionnaire, antipathique aux idées
et aux habitudes reçues, contraire aux usages de
tous les pays civilisés, on nous pousse infailliblement à la dictature par la démagogie. Je ne puis me
lasser de le répéter et je voudrais que ce cri fût entendu de la France entière : ou la science est fausse
(et j'en viens à le souhaiter), ou l'on nous mène
à l'abîme. En adoptant la Constitution nouvelle,
on perd la République quand rien ne serait plus
facile que de la fonder sur des bases durables ;
il suffirait pour cela que la République voulût se lier
un peu moins aux illusions de ses adorateurs de la
veille, et qu'elle écoutât davantage la voix de ses

sages amis du lendemain, ou mieux encore qu'elle écoutât l'expérience, cette voix des siècles, que la passion n'égare pas, et qui ne trompe jamais celui qui l'interroge avec le sincère amour du bien, du juste et du vrai.

CHAPITRE IV.

Suite du même sujet. — Du pouvoir exécutif et du pouvoir législatif.

—

Je me borne à l'examen de deux points qui dominent toute la Constitution, l'organisation des pouvoirs législatif et exécutif; je dirai ce que selon moi eussent fait des législateurs pénétrés des vrais principes de la politique, c'est-à-dire qui n'eussent pas dédaigné l'expérience, et qui n'eussent touché qu'avec des mains paternelles à ces institutions qui font une part non-seulement de notre histoire, mais de notre vie nationale, à ces institutions péniblement conquises par trente ans de lutte et de discussion, et qu'il sera toujours plus sûr d'améliorer que de remplacer par cette chimère qui devrait être l'éternel effroi du législateur, l'inconnu.

La *séparation des pouvoirs*, dit l'article 14 du projet, *est la première condition d'un gouvernement li-*

bre. Rien de plus vrai que cette maxime, mais elle n'est que la conséquence d'un principe supérieur qu'on formulerait ainsi : Il existe en tout État un certain nombre de pouvoirs distincts de leur nature, parce qu'ils représentent des forces diverses, et leur confusion est fatale à la liberté parce qu'elle entraîne le sacrifice injuste et violent de quelqu'un des grands intérêts de la société. Quels sont maintenant ces pouvoirs, ces éléments de l'État que le législateur reconnaît et ne crée pas? Les anciens les avaient découverts et décrits bien avant l'établissement des gouvernements représentatifs, car ce sont des éléments essentiels de toute société civilisée, et à ce titre on les retrouve au travers de toutes les formes politiques. En étudiant séparément les monarchies, les démocraties, les aristocraties pures, Aristote et Cicéron avaient parfaitement démêlé que chacun de ces gouvernements avait sa raison d'être dans un principe vrai, mais qu'il tournait nécessairement à la tyrannie, parce qu'il immolait deux forces vives de l'État au développement exagéré d'une seule[1]. Ils concluaient

[1] Cic., *De rep.*, I, 27. Sed et in regnis nimis expertes sunt ceteri communis juris et consilii, et in optimatium dominatu vix particeps libertatis potest esse multitudo, cum omni consilio

donc de leurs observations qu'il n'y a point de véritable liberté dans un pays où le peuple est privé des
droits politiques[1] ; point de véritable égalité partout
où le nombre fait la loi au mérite et à l'intelligence[2] ; point d'unité, point de paix, point de
grandeur, point de véritable amour du peuple[3], là
où une volonté unique n'est point chargée de l'action[4]. Tout gouvernement simple, c'est-à-dire absolu, est pour Cicéron un pouvoir despotique, et
condamné à périr par le côté où il penche déme-

communi ac potestate careat ; et cum omnia per populum ge-
rantur, quamvis justum ac moderatum, tamen ipsa æquabilitas
est iniqua, cum habeat nullos gradus dignitatis.

[1] Cic., *De rep.*, 1, 31.

[2] Cic., *De rep.*, 1, 34. Nam æquabilitas juris, quam amplexan-
tur liberi populi, neque servari potest (ipsi enim populi quamvis soluti effrenatique sint, præcipue multis multa tribuunt, et
est in ipsis magnus delectus hominum et dignitatum), eaque quæ
appellatur æquabilitas iniquissima est. Cum enim par habetur
honos summis et infimis (qui sint in omni populo necesse est),
ipsa æquitas iniquissima fit ; quod in iis civitatibus, quæ ab optimis reguntur, accidere non potest.—11, 22. Curavitque (Servius
Tullius) quod semper in republica tenendum est, ne plurimum
valeant plurimi.

[3] Cic., *De rep.*, 1, 35.

[4] Cic., *De rep.*, 1, 39.

surément[1]. Mais parmi les Etats absolus, pour lui,
comme pour Platon, comme pour le poëte,

Le pire des États, c'est l'État populaire.

Et il n'a point de peintures assez vives pour nous
en retracer les excès, les misères, et la fin fatale et
déplorable[2].

Quel était donc, pour les politiques de l'antiquité, je ne dis pas le meilleur gouvernement possible (car ils admettaient que les formes de l'Etat sont
variables à l'infini), mais le seul gouvernement qui
fût dans des conditions régulières? La conclusion
est aisée; c'était celui qui satisfaisait à ces trois
intérêts légitimes qu'on retrouve partout, c'est-à-
dire qui reconnaissait au peuple les droits politiques sans lesquels la liberté n'est pas suffisamment
garantie, et qui, tout en donnant à l'expérience et
à la supériorité des talents et des lumières une part
d'influence considérable dans l'administration et
les conseils de la République, laissait cependant au
pouvoir exécutif cette indépendance d'action hors
de laquelle il n'y a qu'impuissance et anarchie[3].

[1] Cic., De rep., I, 44.

Cic., De rep., I, 42, 43; III, 33.

Cic., De rep., I, 45. Quod ita cum sit, ex tribus primis ge-

C'était là ce qu'entendait Cicéron par ce mélange
de monarchie, d'aristocratie et de démocratie dans
lequel il voyait l'idéal de la parfaite République [1],
idéal que réalisait pour lui la Constitution romaine
à ses plus beaux jours [2]. Ce n'était point du tout le

neribus (les gouvernements purs) longe præstat, mea sententia,
regium ; regio autem ipsi præstabit id, quod erit æquatum et
temperatum ex tribus optimis rerum publicarum modis. Placet
enim esse quiddam in republica præstans et regale, esse aliud
auctoritate principum partum, esse quasdam res servatas judicio
voluntatique multitudinis. Hæc constitutio primum habet æqua-
bilitatem quamdam magnam qua carere diutius vix possunt ·li-
beri ; deinde firmitudinem. Quod et illa prima facile in contraria
vitia convertuntur, ut existat ex rege dominus, ex optimatibus
factio, ex populo turba et confusio, quodque ipsa , genera gene-
ribus sæpe commutantur novis. Hoc in hac juncta moderataque
permixta conformatione reipublicæ non ferme sine magnis principum vitiis evenit. Non est enim causa conversionis ubi in suo
quisque est gradu firmiter collocatus, et non subest, quo præci-
pitet ac decidat.

[1] Cic., *De rep.*, II, 33. Id enim tenetote, nisi æquabilis hæc
in civitate compensatio sit et juris, et officii , et muneris, ut et
potestatis satis in magistratibus, et auctoritatis in principum con-
cilio, et libertatis in populo sit, non posse hunc incommutabilem
reipublicæ conservari statum.

[2] Cic., *De rep.*, II, 32. Tenuit igitur hoc in statu senatus rem-
publicam temporibus illis, ut in populo libero pauca per populum,
pleraque senatus auctoritate et instituto ac more gererentur ; at-
que ut consules potestatem haberent tempore duntaxat annuam,

système moderne de l'équilibre des pouvoirs, système erroné et dont la perfection serait l'immobilité absolue; c'était la reconnaissance des conditions essentielles de la vie sociale, conditions qu'un législateur ne peut méconnaître sans donner à l'Etat une organisation monstrueuse, et dont le développement ne peut se faire que par une suite de crises violentes et désespérées.

Depuis le temps où Cicéron résumait l'expérience de l'antiquité dans ces pages miraculeusement retrouvées de nos jours comme un avertissement destiné à notre siècle, mille révolutions ont renouvelé la face de l'Europe, mais aucune n'a

genere ipso ac jure regiam. — Rome dut sa grandeur à son sénat qui était une aristocratie élective (c'étaient les censeurs qui, tous les cinq ans, dressaient la liste du sénat), recrutée tous les ans parmi les principaux magistrats de la République. Ce système, peu connu, est certainement plus parfait que tout ce qu'on a imaginé dans les temps modernes. Le pouvoir exécutif était aussi plus fortement constitué et plus indépendant que dans nos Chartes. Il est fâcheux qu'on n'étudie pas davantage le peuple qui nous a laissé le plus parfait modèle de l'art du gouvernement. J'ai tâché de mettre en lumière cette constitution romaine trop ignorée dans mon *Essai sur les lois criminelles des Romains concernant la responsabilité des magistrats.* Paris, 1845, in-8°. Peut-être aujourd'hui ce livre a-t-il plus d'intérêt que lors de sa publication.

ébranlé les observations du sage; elles subsistent
même plus éclatantes et plus sensibles pour nous,
modernes, qui nous rapprochons des gouvernements libres de la Grèce et de Rome, et on peut
dire que, depuis cinquante ans, l'histoire de l'Oc-
cident n'est que la confirmation de ces vérités, reçues hier dans notre pays comme un dogme politique, et que les malheurs de ces derniers mois ont
rendues plus certaines et plus importantes que jamais. Quels sont les gouvernements qui, depuis un
demi-siècle, ont donné à leurs sujets la plus grande
somme de prospérité? Les monarchies représenta-
tives, satisfaction incomplète du vœu de Cicéron,
parce que le respect du passé commandait un ménagement quelquefois excessif des priviléges héré-
ditaires du prince ; et à côté des monarchies con-
stitutionnelles, la république représentative des
Etats-Unis, modèle moins imparfait d'une organisation normale. Au contraire, d'où vient que nos
premières Constitutions républicaines, si malheureusement imitées par le projet de 1848, ont échoué
complétement, sinon que toutes établissaient la démocratie pure, ce système que les anciens refu-
saient unanimement de classer parmi les gouvernements légitimes, et dont nos pères ont fait un trop

rude essai pour y voir autre chose que ce qu'y voyait Aristote; c'est-à-dire la plus détestable forme de la tyrannie [1] ? Qui a fait le despotisme de la Convention? l'absorption du pouvoir exécutif, l'absence d'un pouvoir modérateur. Qui a perdu le Directoire? la suppression de ce que Cicéron eût nommé le pouvoir monarchique. Prendre pour modèle des Constitutions qui n'ont jamais été viables, qui ne nous sont connues que par les effroyables misères qui les ont accompagnées, et croire qu'en se jetant dans la même voie on n'arrivera point au même désastre, c'est pousser un peu loin la confiance en soi-même et le dédain des lois éternelles du bon sens.

En présence des événements de février, quel était donc le devoir d'un législateur qui n'eût point méprisé les leçons de l'expérience? N'était-ce pas de conserver, en les accommodant à la forme républicaine, toutes les institutions qui donnaient une satisfaction légitime aux trois grands intérêts sociaux que nous avons reconnus? car enfin, république ou monarchie, la France n'a pas moins be-

[1] Arist., *Polit.*, liv. vi (4), chap. iv, édition Barthélemy Saint-Hilaire.

soin d'unité et de stabilité dans son gouvernement.
N'était-ce pas encore de ne pas oublier que la monarchie constitutionnelle n'étant au fond qu'une
démocratie mitigée, il s'agissait, au lendemain
d'une révolution, beaucoup moins de détruire que
de consolider et de compléter un édifice où, pendant plus de trente ans, la France avait abrité sa
fortune avec une confiance absolue?

Qu'y avait-il donc à changer dans le pouvoir exécutif tel que l'avait constitué la Charte, tel que l'a-
vaient déterminé dix-huit ans d'un gouvernement
fondé sur la souveraineté nationale? L'hérédité de
la fonction disparue et remplacée par une durée de
quelques années, une responsabilité toujours présente, toujours facile, mise au lieu de la fiction qui
protégeait le monarque, le pouvoir, de royal, de-
venait républicain. Sa nature était complétement
changée, et l'altération était trop profonde pour
que, les attributions restant les mêmes, on ne se
sentît pas néanmoins sous un gouvernement tout
nouveau. Peut-être eût-il été prudent d'en rester là
pour ne point effaroucher le pays surpris par la
République. On eût évité ainsi un des plus graves
dangers qui menacent le nouvel établissement, je
veux dire le regret du passé. Si en effet le pouvoir

exécutif est mal constitué, si sa faiblesse laisse grandir les mauvaises passions qui grondent dans les
bas fonds de la société, si l'anarchie redresse la tête,
les esprits se reporteront en arrière, et, par amour
de l'ordre, se prendront à désirer la monarchie; tandis qu'un pareil retour eût été impossible si entre le
président et le roi la grande différence eût été l'hérédité du pouvoir et l'irresponsabilité, deux priviléges qui ont un intérêt plus direct pour la personne royale que pour le pays. C'était l'affaire du
temps que de limiter ce qu'on eût trouvé d'excessif dans les attributions du chef de l'Etat; en somme, c'est l'œuvre constante de nos lois depuis 1815;
mais c'est une œuvre qui demande des ménagements
infinis, car le pays est le premier à souffrir de l'af-
faiblissement excessif de l'autorité, et dans une république ce danger est plus grand que dans une
monarchie. L'usurpation d'une assemblée est bien
plus facile que celle d'un roi et bien autrement désastreuse. D'ailleurs, s'il est une nation qui aime
un pouvoir fortement constitué, qui méprise un chef
dont elle ne sent pas le commandement, c'est assurément la France. La moitié de la gloire de l'Empereur, c'est le souvenir de cette volonté de fer qui
brisait toute résistance; et si quelque chose a dé-

considéré et perdu le dernier roi, c'est la coupable
faiblesse des ministres qui, dans l'intérêt de leur
ambition, sacrifiaient l'administration aux calculs
égoïstes de quelques privilégiés. Expérience du passé, intérêt et désir de la France, tout se réunissait
donc pour que l'on conservât la parfaite indépendance du pouvoir exécutif, j'ajoute même pour qu'on
l'étendit. Et, en effet, la responsabilité du président
autorise des prérogatives plus étendues, exige une
liberté plus grande; car, à la différence du roi, le
président agit par lui-même: les ministres ne sont
que ses commis, et non point son conseil nécessaire;
il faut qu'il puisse décider de son chef, et rapide-
ment, car tout porte sur lui seul [1]. C'est au reste
ce qu'avaient senti les Romains; le pouvoir de leurs

[1] Les Américains ont eu le sentiment de cette vérité, quand
ils ont pris les ministres en dehors des assemblées; non-seulement ils ont évité ainsi la corruption exercée sur l'Assemblée, et des prévarications possibles; non-seulement ils ont débarrassé le gouvernement de ces luttes de tribune, de ce pugilat
parlementaire qui détourne et frappe de stérilité toutes les forces
de l'administration, mais encore, et ce résultat est d'une importance extrême, ils ont assuré la parfaite indépendance du
président, qui autrement sera toujours dominé par des ministres
choisis communément dans la majorité de l'Assemblée, à ce titre, plus puissants que lui, et souvent ses adversaires et ses
contradicteurs déclarés.

magistrats était toujours absolu. Le *veto* qui arrê-
tait un acte isolé n'atteignait point le droit même
de l'officier. La responsabilité était la seule limite
et le seul frein qu'un peuple libre voulût mettre à
l'autorité de ses chefs, car il comprenait bien que
cette autorité n'était que la volonté du peuple exercée par ses représentants. C'était sa puissance même
qu'il respectait dans la prérogative du magistrat.

Dans mon système, rien donc n'eût été plus
facile que d'organiser le pouvoir exécutif sans danger pour la liberté; le projet a trouvé plus simple de
le supprimer et de faire aux mauvaises théories révolutionnaires le sacrifice de cet organe essentiel de
l'Etat. Le président n'a qu'un semblant d'autorité
dont un homme de cœur sera bientôt las. On lui
laisse quelques-unes des pompes de la royauté,
mais nulle indépendance, et, plus malheureux
que les rois constitutionnels, obligé d'obéir aux
ordres de l'Assemblée, il est responsable sans
avoir la liberté de ses décisions.

Mais, dit-on, le projet ne retire que la puissance
législative, qui n'est nullement une des attributions
nécessaires de l'autorité exécutive; voyez, pour
exemple, les États-Unis. Je l'avoue, mais la question est plus délicate qu'elle ne semble, car elle in-

téresse au premier degré l'indépendance du président, et cette indépendance, c'est tout le gouvernement. Si le chef de l'État est forcé d'accepter la
décision brûlante d'une assemblée unique, si après
deux jours de retard il lui faut se courber sous une
volonté qui n'est point la sienne, ce n'est plus un
président, c'est un ministre aux ordres de la
Chambre, et qui dix fois par an doit offrir sa démission sur quelque question de cabinet. Un président doit, en certains cas, arrêter ou empêcher la
décision de l'Assemblée, sinon il n'est rien, et il
est plus simple d'en revenir au gouvernement des
comités. La tyrannie sera plus apparente et le pays
s'y trompera moins longtemps.

Un président peut-il donc, comme un roi, contrarier indéfiniment la volonté nationale exprimée (on
le suppose) par l'Assemblée? Non sans doute, et les
constitutions sérieuses n'ont pas voulu du despotisme du président plus que du despotisme des ma-
jorités. On a essayé de se tirer de cette difficulté
par deux moyens. Le premier a été de donner au chef
de l'État un *veto*, système forcé dans une charte qui
n'admet qu'une seule Assemblée, mais qui (nous en
avons fait l'expérience en 1791) a l'inconvénient de
compromettre outre mesure le dépositaire de l'au-

lorité, quand l'opinion soutient la Chambre, et qui, par conséquent, ne lui laisse qu'une liberté plus apparente que réelle. Le second moyen, infiniment supérieur, comme le prouve l'expérience, a été d'instituer une seconde Chambre, ce qui assure à la discussion et au vote des lois un calme suffisant pour que les observations du président soient sérieusement examinées, longuement discutées, et que le véritable intérêt du pays se fasse jour. En accordant, comme aux États-Unis, un *veto* suspensif au président, avec renvoi aux deux Chambres, en exigeant dans chacune d'elles une majorité des deux tiers en faveur de la loi repoussée, on a concilié avec sagesse le droit suprême du législateur et la liberté nécessaire au pouvoir exécutif. Mais ce pouvoir, sans lequel il n'y a point de gouvernement, le projet fait-il autre chose que de le supprimer et de le placer dans l'Assemblée, quand il soumet le président au caprice d'une Chambre unique qui en trois jours peut décréter l'urgence, et voter deux fois la paix ou la guerre, à une seule voix de majorité? Songe-t-on bien que dans la Constitution nouvelle les destinées de la patrie peuvent se trouver remises entre les mains d'un homme, et non pas de celui que la France a choisi pour président et en

qui elle a confiance (celui-là, nos législateurs
l'ont désarmé), mais entre les mains d'un député
ignorant, trompé, vendu peut-être? Une boule
mise par erreur à la place d'une autre décidera de
la fortune de la France, cependant que l'homme
le plus considérable du pays, le chef nominal de
l'État, assistera impassible au renversement de ses
projets et de ses espérances, attendant les ordres
d'une Assemblée changeante, passionnée, irresponsable, et qui dans toutes ses décisions ne voit
guère que l'intérêt, souvent trompeur, de l'heure
présente. Quelle diplomatie fera ce président sans
puissance et qui ne peut répondre du lendemain;
quelle alliance pourra-t-il suivre, quels traités
pourra-t-il préparer? Et à l'intérieur quelle confiance
inspirera cet homme qu'un vote de l'Assemblée
fera tomber au premier jour? combien son commandement aura d'autorité, comme sa volonté
dominera l'administration et imprimera aux affaires
la ferme impulsion dont elles ont besoin! Comme
on comptera sur une parole que l'Assemblée désa-
vouera le lendemain; comme on exécutera un ordre
que, trois jours après, elle déclarera injuste ou
inutile! Accepte qui voudra cette position subor-
donnée, mais elle me paraît indigne d'un homme

appelé par des millions de suffrages à diriger un
pays comme la France, et qui sent toute la grandeur et toute la responsabilité de sa mission.
Aussi je ne me lasserai pas de le répéter : c'est
chez le législateur le comble de l'aveuglement et
de la folie que d'anéantir le pouvoir exécutif, et
de s'en remettre à la mobilité d'une Assemblée
unique des destinées du pays. A l'extérieur, en
présence de l'aristocratie anglaise et de la puissance russe si constantes, si fermes dans leurs
desseins, c'est condamner notre malheureux pays
à l'isolement, à la faiblesse, à l'avilissement; c'est
perdre le fruit d'une révolution qui pouvait donner
à la France le premier rôle politique en Europe;
à l'intérieur, c'est livrer sciemment le pays à l'a-
narchie; c'est le forcer à se réfugier prochainement
sous la dictature d'un homme, tyrannie toujours
moins insupportable que celle d'une Assemblée.
En affaiblissant le pouvoir exécutif, nos modernes
révolutionnaires prétendent sauver la liberté: ils la
tuent comme ont fait leurs prédécesseurs; et ils
n'ont pas, comme eux, l'excuse de leur ignorance!

Passons au second élément de toute société
bien organisée, à l'élément aristocratique, dans le

sens primitif du mot, Αριστοι, les meilleurs. Je viens de dire comment sans une seconde Chambre l'indépendance du président n'était qu'un mot; je n'essayerai point de démontrer, après M. Thiers, que cette institution est aussi nécessaire au maintien de la liberté qu'au maintien du pouvoir [1]. S'il est encore des gens qui, après avoir entendu cette parole pleine de sens, ne soient pas convaincus qu'une Assemblée unique, irresponsable, sans contrôle, ne nous à jamais donné et ne nous donnera jamais que la tyrannie, je n'espère point les persuader; ils appartiennent sans doute à cette

---

[1] Delolme, *Const. d'Anglet.*, liv. ıı, chap. ııı, dit avec un grand sens : « Il est sans doute nécessaire au maintien de « la constitution de limiter le pouvoir exécutif, mais il est « bien plus nécessaire encore de limiter le pouvoir législatif. « Ce que le premier ne peut faire que pas à pas et par une suite « d'entreprises plus ou moins longues (je veux dire éluder ou « renverser les lois), le second le fait en un instant. Comme sa « seule volonté produit la loi, sa seule volonté la peut anéan- « tir, et, si j'ose le dire, il peut changer la constitution, comme « Dieu créa la lumière, d'un mot. Pour assurer la durée de la « Constitution il est donc indispensable de renfermer l'autorité « législative dans de certaines bornes. Mais il y a cette diffé- « rence entre le pouvoir exécutif et le législatif, que tandis qu'il « est aisé de limiter le premier sans le diviser, il est impossible « de borner le dernier autrement qu'en le partageant. »

classe trop nombreuse d'esprits supérieurs pour
qui l'expérience n'est qu'un mot, pour qui n'existent pas l'autorité d'un Washington, l'exemple
de la prospérité inouie des Etats-Unis, et qui
ne peuvent s'étonner assez qu'on mette en balance
de pareilles misères avec l'opinion sortie de leur
tête puissante, et soutenue, à défaut de raisons,
par un mot forgé du grec et trois pointes joliment
aiguisées. On ne discute point avec ces logiciens
superbes, on s'incline devant une incurable vanité.

Non ragionam di lor, ma guarda e passa.

Mais pour les esprits dont l'essor ne se perd point
dans les régions inconnues, et qui ne pensent point
que la spéculation soit la politique, pour ceux qui
songent aux affaires, et qui croient qu'une Constitution n'est après tout qu'un moyen pour arriver à la meilleure gestion des intérêts du pays,
j'insisterai sur une considération qui, selon moi,
n'a point été suffisamment mise en lumière. Voyez,
dirai-je, qu'en détruisant l'hérédité du pouvoir exécutif, vous avez ôté à l'administration
extérieure et intérieure son point de stabilité; plus
de tradition avec un président qui change tous les
quatre ans; plus d'esprit de suite avec une Assem-

blée essentiellement mobile, et que, dans un jour
de passion, le peuple peut renouveler entièrement;
et cependant sans tradition, sans esprit de suite,
plus de diplomatie, plus d'administration! Traités
de commerce, douanes, impôts, emprunts, finan-
ces, toutes ces questions d'où dépend la prospérité
du pays, et souvent sa grandeur, demandent à être
suivies et ménagées; on ne les décide pas par des
solutions improvisées; l'administration est l'œuvre de la prudence, de l'étude et du temps. Mais
comment assurer aux intérêts du pays cette repré-
sentation durable dont ils ont besoin, autrement
que par l'établissement d'une seconde Chambre,
comme on l'a fait aux Etats-Unis? Il n'y a qu'une
aristocratie, dans le bon sens du mot, c'est-à-dire
un corps d'élite, composé des hommes les plus
éclairés et continuellement mêlés aux affaires, qui
ait l'esprit de suite, qui se préoccupe de l'avenir,
qui ne soit pas prodigue des ressources de l'Etat, et
qui poussant jusqu'à la passion l'égoïsme national,
ne sacrifie pas l'intérêt permanent du pays à l'entraînement du jour. L'élément le plus certain de
la grandeur d'un Etat, c'est une seconde Chambre
peu nombreuse, mais réunissant les plus grands
noms du pays, ne se modifiant qu'insensiblement.

parce que le chiffre des hommes supérieurs est essentiellement limité, et cependant se retrempant sans cesse aux sources populaires de l'élection, et puisant dans le respect qui s'attache au choix national la force dont elle a besoin pour contrebalancer l'Assemblée rivale, et imposer au pays la patience quand elle résiste à la fureur du moment. Pas un Etat n'a joué un rôle dans l'histoire, qui n'ait dû son importance à un sénat; Rome, Venise, Londres, les Etats-Unis sont des exemples assez éclatants de cette vérité, pour que toute démonstration soit ici superflue.

La France s'effraye-t-elle d'une seconde Chambre? pas le moins du monde; l'opposition faite à l'ancienne Chambre des pairs (opposition du reste assez modérée) tenait à des causes toutes particulières, et qui ne touchaient en rien à la division reçue du pouvoir législatif. Sous la Restauration on attaquait l'hérédité, et avec raison, car l'hérédité n'est plus dans nos mœurs, et si nous voulons bien d'une aristocratie qui résume toutes les lumières du pays, nous n'admettons pas du tout une pairie qui ne représente qu'elle-même, comme est la pairie d'Angleterre. Sous le dernier règne, on a attaqué l'élection royale qui grandissait démesurément la prérogative monarchique; mais on n'a jamais contesté à la Chambre des pairs cette supériorité d'expérience, de modération, de connaissances qui en faisait une réunion comparable à la Chambre des lords et au sénat des Etats-Unis. Il ne lui a manqué qu'une racine populaire pour balancer dans l'opinion l'influence de l'autre Chambre; car, dès qu'une loi n'était pas essentiellement politique, le pays acceptait avec déférence et respect les décisions de la pairie. C'était là une indication précieuse et un élément de succès qu'un législateur moins prévenu n'eût point dédaignés.

Est-il besoin de répondre à ceux qui nient qu'une seconde Chambre soit compatible avec une république? L'exemple des Etats-Unis prouve le contraire; en chaque Etat, et presqu'en chaque ville, la division du pouvoir législatif existe, et a donné les meilleurs résultats. Est-ce donc que la souveraineté du peuple en est gênée, comme le prétendent ses flatteurs? Mais, dès que le peuple n'exerce pas directement la souveraineté, comme le veulent les logiciens extrêmes du parti; dès qu'il la délègue, qu'importe qu'il s'en remette à une Assemblée unique, ou à plusieurs? C'est une

question d'utilité générale, et voilà tout. Je vais
plus loin, et je dis que le droit du peuple est sau-
vegardé par l'institution de deux Chambres, mieux
que de toute autre façon, car cette division est le
moyen le plus sûr de prévenir les deux vices qui,
en général, perdent les démocraties, l'usurpation
d'une Assemblée, ou sa prévarication. Une seconde
Chambre est une des formes sous lesquelles s'exerce
la souveraineté nationale, comment donc pourrait-
elle être la négation de cette souveraineté?

A ce sujet qu'on me permette de citer un passage
curieux de M. de Sismondi [1] :

« C'était, jusqu'à nos jours du moins, une vérité
« dès longtemps reconnue qu'aucune des trois for-
« més simples de gouvernement n'était propre à
« assurer à un peuple ce qu'il doit toujours se
« proposer, l'union du bonheur et du perfection-
« nement. C'était une vérité reconnue par les phi-
« losophes de l'antiquité comme par tous les
« publicistes du siècle dernier, qu'on n'arriverait à
« une constitution vraiment sage, libre et protec-
« trice, qu'en empruntant à chacune de ces trois
« formes ce qu'elle avait de meilleur..... Cependant

[1] *Études sur les Constitutions des peuples libres*, p. 259.

« un nouveau système semble prévaloir aujourd'hui
« sous le nom de souveraineté du peuple; il remet
« en question ces vérités si longuement établies par
« l'expérience..... On a presque établi en principe,
« qu'une aristocratie d'aucun genre ne peut plus
« être admise dans un gouvernement libre. On y
« appelle, il est vrai, l'élément monarchique con-
« jointement avec l'élément populaire; mais en
« même temps on ne veut laisser au roi ni indépen-
« dance, ni droit à avoir une volonté; on lui de-
« mande seulement de nommer des ministres tels
« qu'ils lui seront désignés par l'opinion, sous con-
« dition qu'il les renverra dès qu'ils auront perdu
« la faveur d'une assemblée toute populaire. *On se*
« *fonde sur la souveraineté du peuple. Mais on tombe*
« *ainsi dans une confusion d'idées qui ravirait bien-*
« *tôt au peuple sa liberté.* Sans doute l'organisation
« constitutionnelle d'une nation, la légitimité de
« tous les pouvoirs qu'elle contient dans son sein,
« et qui doivent concourir à soigner et à assurer son
« bonheur, existent bien au nom d'une volonté na-
« tionale impliquée ou expresse, car le seul but de
« leur création a été le plus grand bien de tous,
« leur seul droit à l'existence est encore ce plus
« grand bien. Mais cette souveraineté qui a établi

« les bases mêmes de la société ne doit point être
« confondue avec l'action populaire exercée dans
« les formes prédéterminées par la Constitution ;
« alors la démocratie n'est plus la nation tout
« entière, la nation souveraine : elle n'est plus
« qu'une des voix qui concourent à exprimer le vœu
« national. Elle doit être indépendante, mais elle
« doit laisser aussi leur indépendance à l'élément
« monarchique, à l'élément aristocratique ; *si elle*
« *les domine, si elle prétend exercer sur eux la sou-*
« *veraineté, il n'y a plus d'équilibre, il n'y a plus*
« *de Constitution, il n'y a plus de possibilité de gou-*
« *verner.*

« *C'est ainsi qu'à nos yeux le parti qui se proclame*
« *aujourd'hui républicain, déploie sur sa bannière*
« *un mot, l'égalité, qui rend impossible la Républi-*
« *que.* — Le gouvernement, avons-nous entendu
« dire à l'empereur Napoléon, dans les Cent-Jours,
« le gouvernement est une navigation ; il faut avoir
« deux éléments pour naviguer ; il en faut deux aussi
« pour diriger le vaisseau de l'État, afin de pouvoir
« s'appuyer sur l'un contre l'autre. On ne dirigera
« jamais les ballons, parce que, flottant dans un
« seul élément, on n'y trouve aucun point d'appui
« pour résister aux tempêtes qui agitent cet élé-

« ment. On n'a de même aucun point d'appui,
« aucune possibilité de direction dans la démocratie
« pure, mais en la combinant avec l'aristocratie,
« on oppose l'une à l'autre, et l'on dirige le vais-
« seau par des passions contraires. »

Nous avons vu comment la Constitution suppri-
mait deux des grands, intérêts sociaux, et comment
tout en proclamant la séparation des pouvoirs elle
anéantissait l'autorité exécutive.

Reste maintenant l'élément démocratique. Ce
que j'ai dit sur les dangers qu'amène pour le pays
une Chambre unique, et qui domine le pouvoir
exécutif, suffit pour faire comprendre dans quel
excès se sont jetés nos législateurs, et quelle organisation monstrueuse est celle qui soumet toute
la société à une seule passion, un seul intérêt, un
seul entraînement. Une Assemblée unique avec un
pouvoir nécessairement absolu peut être bonne au
lendemain d'une révolution; c'est une machine
de guerre excellente pour détruire tout obstacle
et briser toute résistance; mais j'ai peine à croire
que pour les temps ordinaires la dictature soit le
meilleur et le plus régulier des gouvernements,
et la monarchie constitutionnelle, avec tous ses défauts et toutes ses complications, nous a laissé

prendre des habitudes de liberté qui ne nous permettront de nous plier qu'avec peine à la simplicité despotique du régime républicain dont on nous dote aujourd'hui.

Quant au suffrage universel, dogme fondamental de la nouvelle Constitution, qu'on impose et qu'on ne discute pas, j'ai peine, je l'avoue, à comprendre le silence et le respect dont on environne cette merveilleuse institution, que tout le monde repoussait avant février; car enfin, le suffrage universel n'est point la république, et l'on peut même, selon moi, rejeter l'un par amour de l'autre. Qu'est-ce donc que le suffrage universel? Si c'est un droit de l'homme et du citoyen, un droit absolu comme la liberté, la propriété, nos législateurs sont bien inconséquents d'en écarter les femmes et les mineurs, qui tout au moins devraient être représentés. Et ce n'est pas tout, la logique va plus loin; si c'est un droit absolu que de voter sur les affaires publiques, le législateur est criminel qui fonde une république représentative comme est la nôtre. Qui l'autorise, en effet, à dépouiller le peuple de ses droits, en les anéantissant par une prétendue délégation? C'est aux assemblées primaires qu'il en faut revenir. Si au contraire le suffrage universel n'est qu'un moyen pour arriver au meilleur gouvernement, en intéressant le plus grand nombre de citoyens aux affaires de l'Etat, il faut avouer, sans examiner le moyen en lui-même (cet examen nous mènerait trop loin. et on ne voudrait pas nous écouter aujourd'hui [1]); il faut avouer, dis-je, que nos légis-

---

[1] « Les anciens avaient eu beaucoup plus d'expérience que
« nous des gouvernements libres et de toutes les formes répu-
« blicaines. Ceux qui invoquent leur autorité à l'appui de ce
« qu'ils nomment *les principes*, *les grands principes*, doivent être
« assez étonnés, s'il leur arrive jamais d'ouvrir non pas seulement
« Aristophane, mais Platon ou Aristote, de les voir se pronon-
« cer si fortement contre les démocraties pures. Tous les philo-
« sophes grecs qui les avaient vues en action, y avaient remar-
« qué la domination constante du principe rétrograde sur le
« principe progressif, de la brutalité du grand nombre sur la
« science et la vertu du petit. Ils y avaient vu l'oppression ha-
« bituelle de la minorité par la majorité, le favoritisme popu-
« laire non moins redoutable que celui des cours, et la rapidité
« des révolutions que produisait cet enthousiasme de la multi-
« tude si violent et si fugitif. Nous ne nous arrêterons pas à
« discuter leur témoignage, mais *nous ne pourrons nous empê-
« cher de demander aux partisans du suffrage universel, avec éton-
« nement, non pas où est leur expérience, mais où est leur théorie?*
« Ils rejettent tout ce qui est ancien, ils veulent changer la face
« du monde, et ils ne présentent point, non pas seulement un
« législateur, mais un philosophe, un sage, un grand écrivain,

lateurs ont pris plaisir à exagérer les défauts
de l'institution, comme s'ils avaient le dessein
d'en dégoûter pour jamais la France. Je ne parle

« qui ait admis et développé ce qu'ils nomment *leurs princi-*
« *pes.* » Sismondi, *Études sur les Constitutions*, page 57.

 « Les partisans du suffrage universel, ajoute le même au-
« teur (page 68), adoptent comme un principe qu'ils ne se don-
« nent pas même la peine d'énoncer, bien moins encore de dis-
« cuter et d'établir, que dans une société tous les individus sa-
« vent, sentent, et veulent également, en sorte qu'ils doivent tous
« être comptés comme des unités égales. Ils croient que si toutes
« les décisions de la société étaient prises à la plus grande voix,
« toutes seraient conformes à son intérêt, à ses progrès et à sa
« vertu. Ils croient que le seul motif de la société pour déléguer
« tous ses pouvoirs, c'est l'impossibilité d'assembler une grande
« nation pour qu'elle les exerce elle-même; ils croient enfin
« que la minorité est libre lorsqu'elle est liée par le vœu de la
« majorité, et que la majorité est souveraine quand, au lieu de
« commander elle-même, elle commande par ses représentants.
« *Il n'y a pas un de ces prétendus principes qui ne soit démenti*
« *également par le raisonnement et l'expérience.* »

 Je recommande cette opinion d'un républicain au rapporteur
du projet de constitution. J'attends avec impatience les raisons,
jusqu'à ce jour inconnues, qui ont pu décider des hommes sages,
et responsables des destinées de la France, à préférer aux conditions simples et usuelles d'une démocratie représentative un
système condamné par les politiques de l'antiquité comme des
temps modernes, et qui dans l'histoire n'est signalé que par des
désastres, et n'a jamais pu se maintenir. Qu'on me cite une
seule démocratie pure qui n'ait pas misérablement avorté !

pas du scrutin de liste, quoique j'aie une peine
infinie à comprendre comment, dans notre pays
d'égalité, l'électeur qui nomme trois membres
a un droit aussi étendu que celui qui en choi-
sit trente-quatre; mais comment ne voit-on pas
que partout où l'on a admis le suffrage universel, on a contrebalancé ce moyen excessif par quelque autre invention destinée à le modérer? Aux
États-Unis, par exemple, deux des trois pouvoirs
de l'État ne sont pas nommés par le suffrage universel, et dès lors, il a perdu ses plus graves inconvénients et gagné des avantages certains. Il est
bon, en effet, que la voix de la masse de la nation
soit entendue dans les Conseils de l'État; il est
mauvais qu'elle y parle seule et qu'elle étouffe celle
des hommes éclairés. Le gouvernement d'un pays
n'est pas un problème d'arithmétique; la volonté
du grand nombre et les intérêts du grand nombre
sont rarement la même chose; et, en administration, il faut beaucoup plus souvent peser les opinions que les compter. Faire au suffrage universel
une part dans la Constitution, comme aux États-
Unis, c'est agir avec sagesse; lui donner tout,
comme le propose le projet, c'est se mettre à la dis-
crétion de forces inconnues, dont la prochaine

application effraye déjà nos constituants. Qui peut dire ce que sera l'élection du président? Et comme si le danger n'était déjà pas assez grand de donner e droit de suffrage à des millions d'individus forcément étrangers aux affaires publiques, nos législateurs ont même supprimé la barrière d'un cens modique, qui eût débarrassé les listes électorales de tous les hommes sans domicile, population flottante, presque toujours menaçante et dangereuse, et en second lieu, de tous ceux à qui la domesticité enlève l'indépendance nécessaire à l'électeur. On dirait qu'un méchant génie s'est plu à réunir les combinaisons les plus fatales pour livrer la France sans défense à toutes les passions déchaînées. Voilà l'œuvre d'hommes assez faibles pour accepter, comme nécessaires en ce moment, ces mauvais principes révolutionnaires repoussés depuis trente ans; comme si jamais il pouvait être permis de pactiser avec l'erreur, quand d'une décision peut dépendre l'avenir de toute une génération !

CHAPITRE V.

Conclusion.

—

J'arrête ici un travail qui eût demandé plus de temps et de réflexion; mais les circonstances font à tous les citoyens un devoir impérieux de parler; et qui tient la vérité dans sa main est coupable de ne pas ouvrir cette main toute grande. Pour moi, je n'ai point la prétention d'apporter, après tant d'autres, un moyen de sauver la société en péril; tout ce que j'ai voulu, c'est rappeler le législateur au respect de la tradition. J'ai essayé de démontrer que ces vérités prétendues nouvelles, dont nous éblouissent les socialistes, ne sont que de vieilles erreurs; que Dieu ayant donné à l'homme la liberté pour se conduire ici-bas, le législateur n'a point d'autre mission que d'écarter les obstacles qui gênent cette liberté, et qu'il ne lui appartient pas d'imposer à l'homme une direction qui gêne son libre arbitre, et le fait descendre au rang de la brute, ou de l'esclave, en lui ôtant toute responsabilité. J'ai répété, après bien d'autres, que ces déclarations de droits et de devoirs, dont on fait tant de bruit, sont inutiles ou dangereuses; j'ai prouvé, je crois, que le droit au travail est une invention désastreuse dans ses conséquences, et qui dans son principe ne soutient pas la discussion; j'ai soutenu que la création d'une Assemblée unique, fondée sur le suffrage universel et absorbant le pouvoir exécutif, était l'installation du despotisme sur cette terre de France où fleurit si volontiers la liberté; j'ai fait voir que nos législateurs avaient méconnu en ce point et les leçons de l'expérience, et les désirs comme les besoins du pays. En tout ceci, je n'ai rien inventé; mais énoncé brièvement les opinions des vrais amis de la liberté, les faits acquis et constatés qui, aujourd'hui, forment la science politique, et qui sont considérés comme des axiomes de l'autre côté de l'Océan. M'écoutera-t-on? je l'ignore; mais au moins puis-je dire que ni le regret du passé, ni la jalousie du présent, ne m'ont fait prendre la plume. Ignoré de l'ancien gouvernement, inconnu du nouveau, n'ayant qu'un seul désir, celui de voir mon pays grand, prospère, considéré, je puis dire qu'en écrivant ces lignes, j'ai eu constamment devant les yeux la devise que Pithou inscrivait dans son testament, après avoir traversé dix ans de guerre civile sans dévier de ce qu'il croyait la vérité; étranger à tous les partis, je n'ai aimé que mon pays ; *Patriam unice dilexi.* Ce sentiment explique la franchise de mes opinions, et je ne crois pas avoir besoin d'excuse; car la franchise en pareil cas est le plus sacré des devoirs.

———

APPENDICE.

—

PROJET DE CONSTITUTION.

Afin de donner un corps aux idées que j'ai défendues, j'ai formulé un projet de Constitution, en me tenant aussi près que possible de celui de la Commission, pour mettre ainsi en saillie plus évidente l'opposition des deux systèmes; l'un, celui que j'attaque, le système révolutionnaire; l'autre, celui que je soutiens, que je nommerais volontiers le système américain, si la vérité n'était pas de tous les pays.

Il y a une foule de points sur lesquels s'arrête le projet de la Commission, et que j'ai laissés de côté, parce que selon moi ils n'appartiennent point à la Constitution proprement dite, et qu'il est dangereux de les incorporer dans cet acte solennel.

Qu'est-ce, en effet, que la Constitution ? Une loi qui établit les bases mêmes de l'État, en déterminant la nature et l'étendue des différents pouvoirs publics. On conçoit qu'une loi pareille soit mise à l'abri des innovations de chaque jour, pour qu'on n'y touche qu'avec maturité ; car tout changement dans la Constitution, qu'il se fasse ou non par des voies violentes, est, à vrai dire, une révolution. Il faut que la société change pour qu'il soit nécessaire d'altérer la distribution des pouvoirs publics.

On conçoit encore qu'on mette comme en dépôt dans cette Charte fondamentale certaines maximes qui sont la conquête des pays libres, et qu'on ne discute plus aujourd'hui ; j'entends par là ces dispositions générales qui proclament l'abolition perpétuelle de l'esclavage, de la confiscation, de la censure, de la peine de mort en matière politique, etc., etc. Ce sont là de véritables déclarations de droits qui sont parfaitement à leur place dans une Constitution ; car, d'une part, ce ne sont pas de vaines définitions, sans application positive, mais bien des prescriptions vivantes et qui dominent toute la législation ; et, d'un autre côté, ces dispositions ont pour la liberté des citoyens une importance telle, qu'il est juste de les mettre au-dessus du caprice d'une majorité passagère, et de les enfermer, pour ainsi dire, dans une arche sainte, d'où la volonté seule du pays puisse les faire sortir.

Mais précisément parce qu'il est à désirer qu'on touche rarement à la Constitution, il faut éviter d'y insérer une foule de dispositions secondaires, transitoires, souvent mal étudiées, et qui, pétrifiées dans ce dépôt sacré, compromettraient le pays s'il poussait jusqu'à l'exagération le respect de la Constitution, ou compromettraient la Constitution même si le pays, souffrant d'une mauvaise loi, ne pouvait s'en délivrer autrement que par une Convention.

Ainsi, par exemple, j'ignore si l'abolition du remplacement est en soi une mesure bonne ou mauvaise ; mais

je vois qu'elle implique une réforme complète de
notre organisation militaire, et l'adoption du système
ruineux de la Prusse. Pourquoi ne pas laisser cette
question à l'étude ? elle n'intéresse ni la division des
pouvoirs, ni l'existence de la République. Proclamez
que chaque citoyen doit en personne le service militaire, et laissez à la loi le soin d'établir les exceptions,
vous pourrez plus tard, et tout à loisir, résoudre un
problème plus compliqué que vous ne le supposez.

Ainsi encore, les trois lectures de tout projet de loi
peuvent être une bonne mesure de règlement; mais en
quoi le pays a-t-il intérêt à ce qu'on adopte à tout jamais, et de façon irrévocable, un mode de discussion
qui n'a pas même été étudié? Rien ne prouve que les
coutumes américaines ou anglaises, toutes sages qu'elles
soient, nous conviennent en ce point; en essayer est
bon; s'engager à les conserver est chimérique. Vous
vous exposez à ce qu'un règlement de la Chambre (pas
même une loi), viole prochainement la Constitution.

Une Constitution, qu'on ne l'oublie pas, précisément
parce qu'elle est invariable dans le vœu de ses fondateurs, ne doit poser qu'un petit nombre de principes,
et s'en remettre à des lois organiques du soin de mettre
en jeu et de régler dans l'application ces principes do-
minants. La Constitution sera nécessairement accom-
pagnée d'une loi électorale, d'une loi municipale, d'une
loi judiciaire, d'une loi d'organisation militaire, d'une
loi de la garde nationale, d'une loi d'enseignement, etc.,
c'est à ces lois organiques qu'il appartient de statuer
sur une foule de questions que le projet de Constitu-

tion décide selon moi mal à propos ; car non-seulement la décision me paraît fausse, mais, fût-elle bonne, comme demain elle peut varier, il sera toujours plus sage de se réserver les moyens de corriger en détail, un par un, les inconvénients qui pourront être signalés, que de renverser l'édifice parce qu'il y aura une cheminée qui fumera dans un coin.

Parmi ces dispositions qui sont du ressort des lois organiques, je citerai 1° les incapacités électorales (article 22), les incompatibilités (art. 23, 34, 35, 36, 37), le Conseil cantonal (art. 76), la nomination des maires par le Conseil municipal (art. 77), l'application du jury aux matières correctionnelles ou civiles (art. 83), le mode d'élection des juges de paix (art. 84), juges de première instance et d'appel (art. 85), juges de cassation (art. 86), juges administratifs (art. 90, 91), membres de la Cour des comptes (art. 92), la composition du tribunal chargé de juger les conflits (art. 93), l'interdiction du remplacement (art. 109), la surveillance de l'État en matière d'enseignement (art. 124), etc.

Encore une fois, je n'attaque point toutes ces dispositions ; les unes me semblent bonnes, d'autres mauvaises, telles que l'élection des juges de paix, d'autres chimériques, telle que l'application du jury aux affaires civiles. Mais, utiles ou non, on m'accordera que ces mesures n'ont qu'une importance secondaire, et qu'elles peuvent être modifiées sans que l'organisation même de la République en soit sensiblement altérée. Leur place est donc dans des lois organiques, et non pas dans la Constitution. Laissons au législateur à venir la liberté de chan-

ger nos institutions. En les pétrifiant, c'est la civilisation même qu'on immobilise ; la France n'est pas la
Chine, pour qu'on règle ainsi à tout jamais sa vie politique, surtout quand on songe que de toutes ces règles, il n'y en a pas une encore qui se soit donné
la peine d'exister. C'est bien le moins qu'on laisse
à l'expérience le soin de rectifier les erreurs possibles
de nos constituants. Si puissant que soit le génie de
nos sages, ils ne doivent pas oublier que

Discipulus est prioris posterior dies,

et que les inventions des grands hommes de la veille ont
toujours laissé quelque chose à désirer aux gens du
lendemain.

Le départ des articles qui ne sont pas à leur place
dans une constitution a singulièrement allégé mon travail, comme il faciliterait, je n'en doute pas, la rude
besogne de nos législateurs, et cela sans qu'aucune opinion en souffrît. C'est un simple ajournement de questions délicates, ce n'est pas une solution qui fasse la
victoire ou la défaite d'un parti.

Reste maintenant à dire en quoi mon projet diffère
de celui de la Commission.

En premier lieu, j'ai retranché la déclaration de
droits ; j'ai dit plus haut qu'elle était inutile et dangereuse, je ne reviendrai point sur ce sujet ; j'ai compris
seulement dans la déclaration, et par conséquent j'ai
retranché cette maxime vague et peu certaine, que
*tout impôt est établi pour l'utilité commune, et que chaque
citoyen y contribue en raison de ses facultés et de sa fortune*

(art. 129). La première maxime est vraie, mais c'est un simple conseil pour le législateur, qui ne donne aucun droit au citoyen, et on serait mal venu, je pense, à se refuser de payer un impôt sous prétexte qu'il n'est pas établi pour l'utilité commune. Quant à la seconde disposition, elle est fausse ; toutes les impositions indirectes (le meilleur impôt, de l'avis des financiers) sont proportionnelles à la consommation et non pas à la fortune du contribuable [1].

En second lieu, j'ai établi un cens, minimum et maximum, pour l'électorat, laissant à la loi organique le soin d'en déterminer le chiffre. Je n'insisterai point sur les raisons qui militent pour l'établissement d'un cens, chacun doit aujourd'hui les comprendre ; je dirai simplement que j'ai emprunté à la Constitution belge l'idée d'une échelle mobile, qui permettrait d'essayer, avec quelque sécurité, cette force inconnue qu'on appelle le suffrage universel, et dont l'explosion peut un jour emporter la Constitution et même la République, au grand étonnement des logiciens, ses fondateurs.

L'établissement d'une seconde Chambre, dont j'ai démontré l'utilité, débarrasse immédiatement la Constitution de deux de ses plus grandes complications ; elle fait disparaître ce Conseil d'État amphibie, pouvoir ir-

---

[1] Je n'ai pas maintenu non plus l'art. 133, *la Constitution garantit la dette publique*, mais par une autre raison. Pour un État comme pour un particulier, il me paraît honteux de déclarer qu'on tiendra ses engagements et qu'on ne fera pas banqueroute. Un pareil aveu a quelque chose d'humiliant et de déshonorant. Personne ne doit douter que l'État n'exécute des obligations librement acceptées.

responsable sans émaner du peuple (ce qui est une monstruosité constitutionnelle), et qui intervient dans l'administration pour gêner le pouvoir exécutif ou le mettre à couvert sans nécessité ; elle abolit également cette *haute Cour de justice*, tribunal exceptionnel pour les attentats contre la sûreté de l'État, qui fait une singulière figure dans une Constitution où l'on proclame bien haut qu'il ne pourra être créé de tribunaux extraordinaires à quelque titre et sous quelque dénomination que ce soit. Rien ne sert de dire que la *haute Cour* n'est, après tout, qu'un grand jury ; qui peut répondre qu'un jury choisi parmi les membres des Conseils généraux n'aura pas, dans un moment donné, une couleur politique des plus prononcées, et ne sera pas, par conséquent, l'ennemi plutôt que le juge naturel des accusés? Croit-on, par exemple, que les Conseils généraux nommés aujourd'hui donneraient des juges impartiaux aux auteurs de l'attentat du 15 mai ? La haute Cour, quoi que vous fassiez, sera un tribunal d'exception. Il n'en serait pas de même d'un sénat qui serait simplement le tribunal spécial pour la responsabilité politique du président et des membres des deux Chambres. Il est naturel qu'il y ait une juridiction exceptionnelle pour des fonctionnaires placés dans une situation toute différente de celle des simples citoyens.

Quant à la composition du sénat, destiné à jouer le grand rôle dans les questions d'administration, j'ai cru, comme l'ont recommandé les plus excellents publicistes, qu'on devait chercher à donner aux différentes branches de l'activité humaine des représen-

tants spéciaux. C'est à la fois le moyen le plus éner-
gique pour obtenir une réunion d'hommes éminents,
placés au-dessus des misérables querelles du jour, et
pour rattacher à la République toutes les classes de la
nation. L'armée, la magistrature, les sciences, les arts
seront heureux et fiers d'une forme de gouvernement
qui pour la première fois leur donne une voix dans le
Conseil de la nation ; les élus tireront de leur caractère et de leur nomination une valeur toute particu-
lière ; leur opinion aura une légitime part d'influence
dans les questions d'administration, qui, il faut l'es-
pérer, deviendront de toutes les plus importantes
et se substitueront complétement à ces vaines questions
politiques qui ont coûté si cher à la France. C'est ainsi
qu'on organisera la véritable, la seule aristocratie qu'un
pays comme le nôtre puisse accepter, c'est-à-dire celle
du talent et de l'expérience, celle qui force le respect
et l'obéissance ; car

Omnes æquo animo parent, digni ubi imperant.

Quant aux autres points sur lesquels je me suis
éloigné du projet, j'ai indiqué, en note, les raisons qui
me font douter du mérite des innovations qu'on nous
propose. Puisse ce doute gagner nos législateurs et leur
faire sentir qu'ils ne peuvent trop réfléchir sur le danger de ces inventions dont, jusqu'à présent, la force
n'est pas calculée.

J'aurais désiré que l'exposé des motifs donnât à
cette discussion une base plus solide ; mais je ne crois
pas cependant (sans attaquer le moins du monde le

rédacteur de cette œuvre délicate) qu'on doive y trouver des raisons bien nouvelles. Ce sont toutes les
vieilles erreurs de la Révolution, adoptées comme des
dogmes incontestables, uniquement parce que les con-
ventionnels les ont défendues ; vieilles erreurs qui
n'ont rien fondé, malgré le courage et le dévouement
de nos pères, et qui ne soutiendront pas davantage le
frêle édifice de 1848, parce qu'elles ont, dès leur naissance, le défaut de la jument de Roland. Régularité,
simplicité, uniformité, rien ne leur manque..., hormis
la vie. Emprisonner l'activité de la France dans ces
formes stériles, c'est condamner le pays au supplice
de Mézence ; c'est le contraindre à traverser une fois
encore les cruelles épreuves dont il vient de sortir tout
sanglant.

CONSTITUTION[1].

1. La République française est une et indivisible (10).

2. La souveraineté réside dans l'universalité des citoyens français ; elle est inaliénable et imprescriptible. Aucune fraction du peuple, aucun individu ne peuvent s'en attribuer l'exercice (12).

3. Tous les pouvoirs publics émanent de la nation. [Aucune fonction ne peut devenir la propriété de celui qui l'exerce.] (13).

4. La séparation des pouvoirs [législatif, exécutif et judiciaire est la première condition d'un gouvernement libre (14).

TITRE Ier. — *Pouvoir législatif.*

5. Le Corps législatif est composé d'une Chambre de représentants et d'un Sénat.

6. L'élection des représentants a pour base la population ; [il y a un représentant par cinquante mille électeurs] (16).

7. Tous les dix ans, le Corps législatif, d'après les états de population qui lui sont fournis, détermine le nombre des représentants que chaque département doit fournir ; aucun changement ne peut être fait dans cette répartition durant cet intervalle[2].

8. Le suffrage est direct et universel (19).

9. Sont électeurs tous les Français âgés de vingt et un ans, jouis-

[1] J'ai indiqué entre parenthèses les articles empruntés au projet ; j'ai mis entre crochets les additions ou modifications faites aux articles primitifs.

[2] Il y a contradiction à dire, comme le projet, que l'élection a pour base la population, et que le nombre des représentants est fixé à sept cent cinquante, répartis entre les départements. On arrive ainsi à négliger des fractions importantes. Il est plus simple de laisser le nombre des représentants suivre le progrès de la population ; c'est le seul moyen de donner satisfaction aux départements en progrès.

sant de leurs droits civils et politiques, [et inscrits au rôle de la contribution foncière pour un cens à déterminer par la loi électorale, mais qui ne pourra être moindre de..... fr., ni plus élevé que .... fr.] (20).

10. Le scrutin est secret 24)

11. L'élection des représentants se fera par circonscriptions électorales, au chef-lieu de canton, et par nominations uniques [1].

12. La Chambre des représentants est élue pour trois ans et se renouvelle intégralement (27.

13. Le Sénat est composé de.... membres. Chaque département nomme un sénateur par suffrage direct et universel: l'agriculture, l'industrie, le commerce, l'armée, la marine, la magistrature, la médecine, les sciences et les arts nomment en outre.... sénateurs [2].

14. La loi organique à intervenir fera entre ces grandes branches de l'activité humaine la répartition des représentants à nommer, et déterminera le mode et les conditions de l'élection.

Le Sénat est élu pour neuf ans ; il se renouvelle par tiers tous les trois ans.

16. La Chambre des représentants et le Sénat vérifient chacun le pouvoir de leurs membres et statuent souverainement sur la validité de l'élection (26).

17. Le Corps législatif est permanent: néanmoins, il peut s'a-

---

[1] Le scrutin de liste est une mystification indigne d'un peuple libre. Il ne serait pas difficile de prouver qu'en général il donne la majorité aux gens dont personne ne se soucie, et cela au préjudice des véritables élus de chaque arrondissement. Les dernières élections de Paris ont prouvé de plus que c'était le moyen, pour une minorité compacte, de faire prévaloir son choix sur les nominations dispersées d'une majorité sans défiance.

[2] C'est en établissant des représentants spéciaux qu'on obtiendra les hommes éminents de chaque partie, et qu'on aura dans le Sénat un véritable Conseil d'État, populaire par sa base, gouvernemental par ses habitudes et ses lumières. C'est ainsi seulement qu'on trouvera le point de stabilité dont l'administration a besoin, et qu'on garantira au pays que ni l'Assemblée des représentants, ni le président, ne gaspilleront les ressources de la France dans l'intérêt de leur ambition ou d'une misérable popularité d'un jour.

journer à un terme qu'il fixe, mais qui ne peut excéder six mois (28).

18. Les représentants et les sénateurs sont rééligibles indéfiniment (29).

19. Les membres du Corps législatif sont les représentants, non du département qui les nomme, mais de la France entière (31).

20. Ils ne peuvent recevoir de mandat impératif (31).

21. Ils sont inviolables. Ils ne pourront être recherchés, ni accusés, ni jugés en aucun temps, pour les opinions qu'ils ont émises dans le sein de l'Assemblée (32).

22. Ils ne peuvent être poursuivis ni arrêtés en matière criminelle, sauf le cas de flagrant délit, qu'après que l'Assemblée à laquelle ils appartiennent a permis la poursuite (33).

23. Sont incompatibles avec le mandat législatif, toutes les fonctions dont les titulaires sont révocables à volonté, [ou qui, exigeant la présence habituelle du titulaire, le tiennent éloigné de Paris à une distance de plus de deux myriamètres] [1] (34).

24. La loi électorale déterminera quelles sont par exception les fonctions compatibles avec le mandat législatif.

25. Chaque représentant [et chaque sénateur] reçoit une indemnité, à laquelle il ne peut renoncer. Cette indemnité est la même pour tous les membres du Corps législatif, (38).

26. Les séances des [deux] Assemblées sont publiques ; néanmoins, chacune d'elles peut se former en Comité secret, sur la demande d'un certain nombre de ses membres, fixé par le règlement (39).

27. Le Corps législatif rend des lois et des décrets ; les décrets n'ont rapport qu'à des intérêts locaux et privés.

La présence de la moitié, plus un, des membres de chaque Assemblée est nécessaire pour la validité du vote des lois ; le règlement de chaque Chambre détermine le nombre des membres pour la validité des décrets (40).

---

[1] Je ne connais point de réponse à ce dilemme : Ou la présence du titulaire est nécessaire, et alors son absence est une espèce de forfaiture dont souffre le service public ; ou sa présence est inutile, et alors la place aussi est inutile et doit être supprimée.

28. L'initiative appartient à chacune des deux Chambres, aussi bien en matière d'impôt qu'en toute autre.

29. Tout projet voté par le Sénat et la Chambre des représentants sera, avant de devenir loi, présenté au président ; s'il l'approuve, il y apposera sa signature ; sinon, il le renverra avec ses objections à la Chambre dans laquelle il aura été proposé ; celle-ci discutera de nouveau le projet ; si une majorité des deux tiers se prononce en sa faveur, le projet sera envoyé, avec les objections du président, à l'autre Chambre, qui le discutera également, et si la même majorité des deux tiers l'approuve, il deviendra loi ; mais en pareil cas, le vote doit être donné par *oui* et par *non*, et le nom des votants inscrit au *Moniteur*.

30. Si dans les dix jours [les dimanches non compris], le président ne renvoie pas le projet qui lui aura été présenté, ce projet aura force de loi, comme s'il l'avait signé.

31. La Chambre des représentants exerce seule le droit de mise en accusation pour cause politique ; le Sénat seul a le pouvoir de juger ces accusations.

32. Une loi organique déterminera ce qu'on entend par crimes politiques, et établira les procédures à suivre pour l'accusation, l'instruction et le jugement.

TITRE II. — *Pouvoir exécutif.*

33. Le président est investi du pouvoir exécutif.

34. Pour être nommé président, il faut être Français de naissance, et âgé de trente ans au moins (44).

35. Le président est nommé par le suffrage direct et universel, au scrutin secret et à la majorité absolue des votants (45).

36. Les procès-verbaux des élections sont transmis immédiatement au Corps législatif, qui statue sans délai sur l'élection, et proclame le président de la République.

Si aucun des candidats n'a obtenu la majorité, les deux Chambres réunies élisent le président à la majorité absolue et au scrutin secret, parmi les trois candidats qui ont obtenu le plus de voix (46) [1].

[1] Le projet dit : *parmi les cinq candidats* ; c'est donner une bien grande latitude au Corps législatif.

37. Le président est élu pour quatre ans [et peut être réélu une seconde fois ; mais après huit années d'exercice] il n'est rééligible qu'après un intervalle de quatre années (47) [1].

38. Il dispose de la force armée, sans pouvoir jamais la commander en personne (49).

39. Il ne peut dissoudre ni le Corps législatif, ni suspendre en aucune manière le règne de la Constitution et des lois (50).

40. Le président représente la nation pour les puissances étrangères. Il reçoit les envoyés et ambassadeurs accrédités auprès de la République. Il entretient les relations politiques au dehors, conduit les négociations, fait des stipulations préliminaires ; mais aucun traité n'est définitif qu'après avoir été ratifié par le Corps législatif (52).

41. Il a le droit de faire grâce, après avoir pris l'avis du ministre de la justice, [excepté en cas de condamnation prononcée par le Sénat, sur une accusation par la Chambre des représentants] (53).

42. Il promulgue les lois au nom du peuple français ; cette promulgation doit avoir lieu dans les dix jours, sauf le cas prévu par l'art. 29 (55).

43. Le président réside au siège du gouvernement. Il est logé aux frais de la République [et reçoit un traitement fixé avant l'élection par le Corps législatif, et qui ne peut être moindre] de 600,000 fr. (60-61)

44. Le président nomme et révoque à volonté les ministres.

Il nomme et révoque en Conseil des ministres les agents diplomatiques, les généraux et commandants militaires des armées de terre et de mer, les préfets, le commandant supérieur des gardes nationales de la Seine, le maire de Paris, les gouverneurs des colonies, de l'Algérie, et de la Banque de France, les procureurs généraux et autres fonctionnaires d'un ordre supérieur.

Il nomme et révoque les agents secondaires du gouvernement sur la proposition du ministre compétent (62).

---

[1] Quelle raison y a-t-il pour s'écarter d'une pratique qui a donné aux États-Unis d'excellents résultats ? Quel meilleur stimulant pour un président que l'espoir d'une réélection ?

45. Sur la proposition motivée du Conseil des ministres il a le droit de révoquer les maires et agents du pouvoir exécutif élus par les citoyens [1]. Il a le droit de les suspendre, sans donner de motifs, pour un terme qui ne pourra excéder trois mois (63).

46. Les actes du président, autres que ceux par lesquels il nomme et révoque les ministres, n'ont d'effet que s'ils sont contresignés par un ministre (64).

47. Le président, les ministres, les agents et dépositaires de l'autorité publique sont responsables, chacun en ce qui le concerne, de tous les actes du gouvernement et de l'administration.

Une loi déterminera les cas de responsabilité, et le mode de poursuite [2] (66).

48. Les ministres ont entrée dans le sein de l'Assemblée ; ils sont entendus toutes les fois qu'ils le demandent (67).

49. Il y a un vice-président nommé pour quatre ans par le Corps législatif sur la présentation faite par le président, dans le mois qui suit son élection.

En cas d'empêchement du président, le vice-président le remplace.

Si la présidence devient vacante par décès, démission du titulaire, ou autrement, il est procédé dans le mois à l'élection d'un nouveau président (68).

TITRE III. — De l'Administration intérieure

50. La division actuelle du territoire en départements, arrondissements, cantons et communes est conservée et ne peut être changée que par une loi (75).

[1] Le projet refuse au président le droit de révoquer un maire autrement que de l'avis du Conseil d'État. Mais n'est-il pas plus naturel d'exiger l'avis du Conseil des ministres? Est-ce que le Conseil d'État est chargé de l'administration? Est-ce qu'il est responsable?

[2] Le projet ajoute : les garanties des fonctionnaires; ce qui prouve que, tout républicains que nous sommes, nous avons toujours peur de la liberté. Un fonctionnaire doit toujours être prêt à répondre ; c'est là son rôle. Si l'accusation est calomnieuse, le tribunal lui accordera des dommages-intérêts : mais point de mesures préventives! Dans un pays libre, tout citoyen doit pouvoir poursuivre un fonctionnaire à ses risques et périls.

51. Une loi déterminera les changements à introduire dans l'administration des départements, des arrondissements et des communes : elle fixera les attributions des Conseils généraux et municipaux (78).

52. Les Conseils généraux et les Conseils municipaux sont élus par le suffrage direct de tous les citoyens domiciliés dans le département ou dans la commune (et inscrits au rôle de la contribution pour un cens que déterminera la loi, mais qui dans aucun cas ne doit être moindre de .... francs, ni plus élevé que ... francs ¹) (79).

53. Les Conseils généraux et les Conseils municipaux peuvent être dissous par le président [sur la proposition motivée du Conseil des ministres.]

[Le rapport des ministres sera inséré au *Moniteur*; (80).

TITRE IV. — *Du Pouvoir judiciaire.*

54. La justice est rendue au nom du peuple. Elle est gratuite. Les débats sont publics, a moins que la publicité ne soit dangereuse pour l'ordre et les mœurs (81).

55. La loi d'organisation judiciaire réglera le mode de nomination des juges de tout ordre et de tout rang.

56. Les juges de première instance, d'appel et de cassation sont nommés à vie. Ils peuvent être révoqués ou suspendus par un jugement pour les causes et dans les formes voulues par les lois.

La loi d'organisation judiciaire fixera l'âge auquel les juges pourront être mis à la retraite (88).

57. Les Conseils militaires de terre et de mer, les Tribunaux de commerce, les prud'hommes et autres juridictions spéciales, conserveront leurs attributions actuelles jusqu'à ce qu'il y soit dérogé par une loi (89).

58. Dans chaque département, un tribunal administratif sera chargé de statuer sur le contentieux de l'Administration (90).

¹ Le projet ajoute : qu'une loi spéciale réglera le mode d'élection dans la ville de Paris et dans les villes de plus de cent mille âmes ; mais pourquoi cela ? Quand le suffrage universel est admis pour l'élection des représentants de la nation, quelle restriction peut-on admettre pour l'élection des conseillers municipaux de Paris ?

59. Il y a, pour toute la France, un tribunal administratif supérieur qui prononcera sur tout le contentieux de l'Administration (91).

60. Une loi organique déterminera la composition et les attributions des tribunaux administratifs, ainsi que la procédure à suivre devant eux.

61. Les conflits d'attribution entre l'autorité administrative et l'autorité judiciaire seront réglés par un tribunal dont la loi déterminera la composition [1].

62. Une loi déterminera la composition et les attributions de la Cour des comptes, ainsi que le tribunal devant lequel seront portés les recours contre ses décisions.

TITRE V. — De la Force publique.

63. La force publique se compose de la garde nationale, et de l'armée de terre et de mer (108).

64. Tout Français, sauf les exceptions fixées par la loi, doit en personne le service militaire et celui de la garde nationale (109).

65. La garde nationale se compose de tous les citoyens en état de porter les armes, qui ne font pas partie de l'armée active (110).

Une loi spéciale établit pour la garde nationale le mode d'élection de ses chefs.

66. Le gouvernement pourvoit à la sûreté intérieure et à la défense extérieure de l'Etat; il distribue les forces de terre et de mer et en règle la direction, mais la garde nationale ne peut être mobilisée qu'en vertu d'une loi.

67. Des lois particulières règlent le mode d'enrôlement dans les armées de terre et de mer, la durée du service, la discipline, la forme des jugements et la nature des peines (111).

68. La force publique est essentiellement obéissante; nul corps armé ne peut délibérer (112).

69. Aucune troupe étrangère ne peut être introduite sur le terri-

[1] Dans le système du projet, avec un nombre égal de conseillers d'Etat et de juges de cassation, ce pourrait être en définitive le ministre de la justice qui décidât seul les conflits d'attribution. C'est une question à examiner.

toire français, sans le consentement préalable du Corps législatif (114).

TITRE VI. — *Dispositions générales.*

70. La peine de mort est abolie en matière politique (115).

71. La confiscation ne pourra jamais être rétablie (116).

72. L'esclavage ne peut exister sur aucune terre française (117).

73. La presse ne peut être en aucun cas soumise à la censure (118).

74. Tous les citoyens ont la liberté de faire imprimer leurs opinions (sous les conditions établies par la loi) (119).

75. La connaissance des délits commis par la voie de la presse, ou
par tout autre moyen de publication, appartient exclusivement au
jury (120).

76. Le jury statue seul sur les dommages-intérêts réclamés pour
faits ou délits de presse (121).

77. Tous les délits politiques, non réservés au jugement du Sénat,
sont de la compétence du jury (122).

78. Le jury continue d'être appliqué en matière criminelle (82).

79. Chacun professe librement sa religion, et reçoit de l'Etat,
pour l'exercice de son culte, une égale protection.

Les ministres des cultes reconnus par la loi ont seuls droit à recevoir un traitement de l'Etat (123).

80. La liberté d'enseignement s'exerce sous la garantie des lois et
la surveillance de l'Etat [1] (124).

81. La demeure de chaque citoyen est un asile inviolable. Il n'est
permis d'y pénétrer que selon les formes et dans les cas déterminés
par la loi (125).

82. Nul ne sera distrait de ses juges naturels. — Il ne pourra être
créé de commissions et de tribunaux extraordinaires à quelque titre
et sous quelque dénomination que ce soit [2] (126).

[1] Le projet ajoute : *Cette surveillance s'étend à tous les établissements
d'éducation et d'enseignement, sans aucune exception* ; mais nous sommes bien loin des Jésuites pour pousser si loin la précaution, et il me
semble plus sage de réserver à la loi les conditions de cette surveillance,
qui sera plus ou moins sévère, suivant les circonstances.

[2] Qu'est-ce ue la haute Cour de justice du projet, sinon *un tribunal*

83. Nul ne peut être arrêté ou détenu que suivant les prescriptions de la loi (127).

84. Tout attroupement armé est un attentat à la Constitution ; il doit être dissipé sur-le-champ par la force.

85. Tout attroupement non armé doit être également dissipe, d'abord par voie de commandement verbal, et s'il est nécessaire, par le développement de la force armée [1],

86. La propriété étant un droit inviolable et sacré, nul ne peut en être privé si ce n'est lorsque l'intérêt public légalement constaté 'exige évidemment, et sous condition d'une juste et préalable indemnité fixée par un jury spécial (128).

87. Aucun impôt ne peut être perçu qu'en vertu d'une loi (130),

88. L'impôt direct n'est consenti que pour un an ; les impositions ndirectes peuvent l'être pour plusieurs années (131).

89. La Légion-d'Honneur est maintenue (134).

90. Le territoire de l'Algérie et des Colonies est déclaré territoire rançais et sera régi par des lois particulières (135).

TITRE VII. — *De la révision de la Constitution.*

91. La nation a toujours le droit de changer ou de modifier la Constitution.

Si l'une des deux Chambres émet le vœu que la Constitution soit réformée en tout ou partie, il sera procédé à cette révision de la manière suivante :

Le vœu exprimé par l'Assemblée ne sera converti en résolution définitive qu'autant qu'il réunira les trois quarts des voix dans chacune des deux Chambres.

L'Assemblée de révision ne sera nommée que pour un temps limité

---

extraordinaire pour les citoyens prévenus de crimes, attentats ou complots contre la sûreté de l'Etat? Ainsi, la Constitution n'est pas conséquente avec elle-même; elle proteste à l'art. 126 contre ce qu'établit l'art. 95.

[1] J'emprunte ces deux dispositions à la Constitution de l'an III (art. 360, 366). Il me semble qu'un pareil avis aux citoyens n'est rien moins que superflu dans les circonstances présentes.

et ne devra s'occuper que de la révision pour laquelle elle aura été convoquée (136).

TITRE VIII. — *Dispositions transitoires.*

92. Les Codes, Lois et Règlements existants resteront en vigueur jusqu'à ce qu'il y soit légalement dérogé (137).

93. Toutes les autorités actuellement en exercice continueront de rester en fonctions jusqu'à la publication des lois organiques qui les concernent (138).

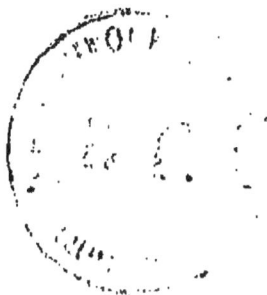

FIN.

www.ingramcontent.com/pod-product-compliance
Lightning Source LLC
Chambersburg PA
CBHW062025200326
41519CB00017B/4927